LA SOCIÉTÉ DU SURPOIDS

Essai

LA SOCIÉTÉ DU SURPOIDS

POURQUOI NOUS SOMMES TROP GROS

Dr. Pascal GERVAZ

© 2023, Pascal Gervaz
Édition : BoD – Books on Demand, info@bod.fr
Impression : BoD – Books on Demand,
In de Tarpen 42, Norderstedt (Allemagne)
Impression à la demande
ISBN : 978-2-3221-2614-9
Dépôt légal : Juin 2023

*Pour Raphaël et David,
les deux hommes
de ma vie.*

*Pour Marlyse et Cristina,
les deux femmes
de ma vie.*

TABLE DES MATIÈRES

PROLOGUE — 11

PREMIÈRE PARTIE — 19
  1. GLOBÉSITÉ — 21
  2. SUCRE — 31
  3. MAÏS — 42
  4. BIG FOOD — 54

DEUXIÈME PARTIE — 67
  5. NASH — 69
  6. TOP CHEF — 80
  7. UN IMC À 47 — 89
  8. GROSSOPHOBIE — 96
  9. ELVIS — 107

TROISIÈME PARTIE — 119
  10. HARA HACHI BU — 121
  11. SAMOA — 126
  12. 980 GRAMMES — 136
  13. BYPASS — 150
  14. OAXACA — 163
  15. LOI 2031-866 — 174

EPILOGUE — 179

À PROPOS DE L'AUTEUR — 183

« Si j'avais été médecin avec diplôme, j'aurais d'abord fait une bonne monographie de l'obésité ; puis j'aurais établi mon empire dans ce recoin de la science ».

J-A. Brillat-Savarin. *Physiologie du goût (1825)*

PROLOGUE

Les experts de l'Organisation mondiale de la santé se montrent unanimes, pour une fois : « L'obésité, prédisent-ils, sera le grand fléau du XXIe siècle ». Les chiffres donnent le vertige : la planète compte aujourd'hui deux milliards d'individus en surpoids, dont 700 millions d'obèses, soit trois fois plus qu'en 1980. Plus d'un million de citoyens européens décèdent chaque année d'une maladie qui n'épargne plus personne, pas même les plus jeunes ; les pédiatres sonnent l'alarme au nom des 340 millions d'enfants et d'adolescents atteints de surcharge pondérale.

Pourtant, le constat interroge : l'embonpoint est une affection dont on connaît la cause. Progressant à visage découvert, l'ennemi apparaît quotidiennement dans nos assiettes. Pour grossir, il suffit de consommer plus de calories qu'on en dépense : un simple déséquilibre énergétique, en somme, qu'on pourrait corriger. On explique aux patients qu'il est, sinon facile, du moins possible de maigrir : « Mangez moins ! Bougez plus ! Un peu de volonté, nom d'un chien ! »

Les scientifiques se veulent rassurants : « On peut guérir de l'adiposité, affirment-ils. Ou tout au moins s'en prévenir ». À ce jour, cependant, personne n'a réussi à endiguer l'épidémie. Bien que non transmissible, la maladie se propage à la manière d'une vilaine dysenterie. Faut-il dès lors considérer l'obésité comme un phénomène inéluctable ? Sommes-nous condamnés à engraisser ?

Les dirigeants de l'OMS sont d'autant plus préoccupés que la lutte semble inégale ; face aux géants de l'industrie agroalimentaire, le destin des plus fragiles d'entre nous paraît joué d'avance. Les victimes ne peuvent miser sur le soutien de la société : l'affection excite peu les convoitises, hormis celles d'innombrables Diafoirus dissimulant leur ignorance sous d'obscurs amphigouris. En obtenant le label « Problème de Santé publique », l'obésité s'est transformée en bonne affaire : elle excite la gourmandise de thérapeutes surtout soucieux d'approvisionner leurs comptes en banque. Le surpoids est devenu un eldorado ; il peut rapporter gros.

*****

Après avoir essayé tous les régimes, on a rejoint le Groupe de Réflexion sur l'Adiposité qui propose à ses clients une approche psychosensorielle. On s'entretient avec Cindy, diététicienne comportementaliste : « Ma spécialité, avoue-t-elle d'emblée, c'est la restriction cognitive ». Prometteuse selon ses promoteurs, la méthode s'inspire des Alcooliques anonymes. On est accueilli au sein d'une équipe dynamique et bienveillante qui, chaque jeudi soir, réunit une douzaine d'individus. On ne rencontre pourtant aucun ancien obèse dans cette loge où, à l'exception de Cindy, tout le monde est trop gros. Qu'importe : ce cadre fraternel offre la possibilité d'exprimer son mal-être tout en nouant des relations. Pourtant, après deux ans de confidences, on doit bien admettre que la thérapie n'a pas entraîné de modification morphologique notable : seul notre portefeuille s'est allégé.

Sur le conseil d'une collègue, on prend place dans un vol *low cost* à destination du Maghreb. Une agence de voyages spécialisée a tout organisé : le transport, l'intervention et l'hébergement. À l'aéroport de Tunis, notre chauffeur porte un short aux couleurs du Real Madrid ainsi qu'une petite pancarte sur laquelle on lit :

MEDÉVASION
! POUR UN NOUVEAU DÉPART !

Trois heures plus tard, on touche au but : le véhicule fait halte dans les quartiers nord de Sfax, à proximité du marché aux poissons. À la Clinique Renaissance Esthétique, 42, allée des Martyrs, on fait la connaissance du chirurgien. Formé au CHU de Poitiers, ce dernier excelle dans la réalisation du bypass gastrique : c'est du moins ce que revendique sa page Instagram. Quoique simples sur le plan médical, les suites opératoires sont pénibles en raison de la chaleur. On déplore une panne d'électricité dans le bâtiment : par chance, le forfait *all inclusive* à 4 200 euros comprend une convalescence de trois jours et deux nuits à l'hôtel Royal Carthage, où l'on profite d'une atmosphère parfaitement climatisée avant d'embarquer dans l'avion du retour.

Rendu sur le sol français, on pense avoir réalisé le plus dur. Alors qu'en vérité, les soucis ne font que commencer ; sur le tarmac de l'aéroport de Beauvais, le comité d'accueil a mauvaise mine. La douleur, puis la nausée gâchent la fête ; ces invitées de dernière minute exigent qu'on admette sa défaite : qu'on rende les armes ; qu'on s'abandonne aux hoquets du désespoir ; qu'on cède aux larmes. Bref, qu'on ravale sa fierté : et sans attendre, car le besoin se fait impérieux. La pituite qui clapote au fond de nos entrailles déclenche un spasme atroce : une marée montante de mauvaise bile met un terme au supplice. Mincir, la belle affaire : mais vomir... vomir...

*****

Paresseux et gourmands ; ces pécheurs-là n'ont aucune excuse. Les obèses doivent assumer seuls les conséquences de leurs vices. « Ces goinfres n'ont que ce qu'ils méritent », affirmaient les thérapeutes du siècle passé. Les anesthésistes souhaitaient proscrire la chirurgie bariatrique, cette modalité à la fois inédite et source de redoutables complications. Ils rechignaient à endormir les malades : « La surcharge pondérale ne s'opère pas, disaient-ils ; elle se soigne avec le régime et l'activité physique ». Grossophobes ? Nous l'étions sans doute, même si le terme n'existait pas à l'époque. Jugé discriminatoire depuis 2001, ce type de comportement est passible d'une peine de trois ans de prison et de 45 000 euros d'amende. La stigmatisation du surpoids constitue désormais un délit : faut-il pour autant s'en réjouir ? S'agit-il vraiment d'un progrès ? Et cette loi sera-t-elle suffisante pour battre en brèche les stéréotypes et les idées reçues ?

D'autres voix se font entendre, porteuses d'un message opposé : « Les obèses sont victimes d'un environnement nutritionnel malsain », affirment certains. Dès lors, le débat franchit les parois de l'abdomen pour s'épanouir dans un cadre philosophique. Faut-il penser, à la manière de Voltaire, que l'homme civilisé est celui qui se retient de trop manger ? Ou doit-on plutôt privilégier la version de Rousseau : les êtres naissent naturellement minces, c'est la société qui corrompt leur pharynx ?

Tout bien considéré, l'obésité apparaît comme la conséquence logique d'un déséquilibre entre deux systèmes. D'un côté, l'appareil digestif des individus dont le fonctionnement n'a pas changé depuis des millénaires : face à lui, l'industrie agro-alimentaire qui, grâce aux technologies modernes, produit de plus en plus de calories à un coût toujours plus bas. Les deux systèmes produisent de l'énergie, mais leur relation repose sur un paradoxe : pour que l'un fasse des bénéfices, il faut que l'autre engraisse. La bonne santé économique de l'une s'accompagne forcément de la décrépitude métabolique de l'autre. Sur une longue période, il est impossible que les deux parties fassent bon ménage : ce livre raconte une histoire d'amour qui finit mal.

Les êtres humains ont toujours entretenu une passion pour la nourriture : hélas, au XIXe siècle, l'irruption du sucre a intoxiqué les rapports du couple. L'avènement de la malbouffe industrielle a envenimé encore les désaccords, avant que le divorce ne soit prononcé au début des années 1980 avec la mise sur le marché des édulcorants de synthèse enrichis en fructose. Les choses auraient pu en rester là. Or, la séparation n'a rien arrangé, bien au contraire : les anciens amants s'affrontent en un combat violent. Désormais ennemis, les ex-époux se rendent coup pour coup. La partie lésée porte plainte pour tentative d'empoisonnement ; le rêve s'est transformé en cauchemar.

Un cauchemar qui nous transporte dans les plaines du Midwest des États-Unis. Sur ce territoire grand comme l'Angleterre, on ne cultive plus qu'un seul végétal : du maïs transgénique de la marque Pioneer 34H31 (H signifiant « hybride »). Au milieu de ce décor monotone, un essaim de moissonneuses-batteuses géantes apparaît à l'horizon. Vu la taille des engins, il doit s'agir du dernier modèle X9 de John Deere, capable de récolter 100 tonnes de grains à l'heure. À travers le vent et la poussière, on distingue mal le visage des conducteurs, ces agriculteurs d'un genre nouveau qui ne quittent jamais le cockpit de leurs tracteurs ; arrosés tous les trois mois d'engrais azotés à base de nitrate d'ammonium (NH_4NO_3), les champs sont devenus toxiques pour la peau, les yeux et les poumons.

Cette année, la moisson a permis de récolter trois cents millions de tonnes de grains qu'on a transformés en un torrent de bouillie jaunâtre qui s'écoule vers le nord, à rebours des flots marrons du Mississippi. Puis, la rivière d'amidon rejoint son estuaire : un *no man's land* où, dans une lumière crépusculaire, on hume plus qu'on ne voit de grandes bicoques sombres et odorantes à la façon des camps de concentration.

L'aube venue, on distingue les contours d'une ferme industrielle abritant un million de dindes exclusivement nourries de cette fécule synthétique à des doses et intervalles calculés par ordinateur afin que chaque bête pèse 12 kilogrammes au début de l'automne. L'impératif est d'ordre socioculturel : le quatrième jeudi de novembre, 300 millions d'Américains se réuniront dans leurs foyers pour déguster 45 millions de gallinacés charnus et rôtis à point. Thanksgiving ! Jour béni où la Nation repue remercie dame Nature de sa générosité !

À la fin de ce mauvais rêve, les volailles prennent une forme humaine ; ce ne sont plus des animaux qu'on gave ainsi, mais des enfants retenus prisonniers d'enclos *high-tech* couverts d'écrans tactiles sur lesquels clignotent des publicités pour des boissons gazeuses. Une génération de gamins ventripotents et joufflus qui ne surferont que sur Internet : des centaines de millions d'adolescents en surpoids, dont l'avenir se profile sous des contours bien sombres. Les plus malchanceux rejoindront la cohorte des adultes obèses à 30 ans, diabétiques à 40 et cirrhotiques à 50 : avec au bout du tunnel, comme seule lueur d'espoir, une double transplantation foie-rein. Dans l'attente d'un organe, les malheureux se demandent : «Comment avons-nous pu en arriver là»? Question cruciale, à laquelle ce livre tente d'apporter une réponse.

*****

Sublime incarnation de la femme puissante, la chanteuse de rap Lizzo figure en couverture du magazine Vogue d'octobre 2020. À demi entrouverte, la robe Valentino de satin rouge sang laisse deviner le galbe des cuisses, tandis que les mules à talons Manolo Blahnik révèlent la grâce de pieds étonnamment petits, si l'on considère le gabarit de l'artiste : Lizzo pèse en effet 139 kilos. On ne lui a pas demandé de maigrir pour la photo : la rappeuse afro-américaine n'éprouve aucune honte vis-à-vis de son apparence, au contraire. Le regard, le port de tête, la position des bras; tout indique que la chanteuse est fière de son corps. Nous sommes en présence d'une séductrice, une femme de 32 ans qui compte profiter au maximum de son physique. Bien sûr, il y aura toujours des esprits chagrins pour expliquer comment un logiciel a gommé le triple menton, affiné la taille et supprimé les bourrelets au niveau des aisselles. Mais l'histoire retiendra que Melissa Viviane Jefferson, née le 27 avril 1988 à Detroit, fut la première obèse morbide à occuper une place traditionnellement dévolue au culte de la minceur féminine.

Lizzo ne se contente pas d'être belle: elle s'exprime avec talent sur les principaux sujets de société. Ainsi, la rappeuse a-t-elle pu constater la disparition des filles sveltes parmi son public: «Mes chansons s'adressent à vous, mes sœurs, avec vos plis de graisse dans le dos, vos gros bides, vos gros culs et vos grosses cuisses. Je vous en supplie: soyez fières de votre corps! N'ayez pas honte de vos vergetures, de la cellulite et des mycoses: moi aussi, j'en ai! Tout le monde en a, même Rihanna!» s'exclame-t-elle, avant de conclure sur un mode plus sérieux:

– Être gros de nos jours, vous savez, c'est *normal*.

Les chiffres donnent raison à Lizzo: un quart seulement de la population des États-Unis échappe aujourd'hui au surpoids. Les citoyens américains ont engraissé à l'insu de leur plein gré. Certains, à l'instar des coureurs cyclistes convaincus de dopage, tentent de se justifier en affirmant: «On a fait comme les autres».

Ce livre révèle comment la société industrielle a transformé les méthodes de production, de distribution et de consommation de la nourriture. Il explique pourquoi des maladies métaboliques nouvelles sont apparues à la fin du XXe siècle. Il dresse un triste constat: nous évoluons désormais au sein d'un environnement alimentaire toxique. Ces lignes serviront d'avertissement: si l'on n'entreprend rien, la génération de nos enfants vivra moins longtemps que celle de nos parents. En cela, le combat contre l'obésité se rapproche de la lutte contre le réchauffement climatique: la modification des comportements individuels constitue une condition préalable, nécessaire mais insuffisante.

De la part des autorités, on attend une prise de conscience rapide et des décisions fortes : c'est à ce prix que les plus fragiles conserveront une chance d'échapper aux tentacules des multinationales de la malbouffe. Les dirigeants de l'OMS le savent bien, eux qui, dès 2013, lançaient cet avertissement : « La bataille contre le surpoids exigera du courage et de la volonté politique. En effet, les gouvernements seront forcés d'imposer des mesures contraires aux intérêts de puissants acteurs économiques ».

Réagissons afin qu'à l'avenir personne ne puisse prétendre qu'« être gros, c'est normal », sans risquer d'être contredit.

Halte au dérèglement calorique !

Je déclare l'état d'urgence métabolique.

PREMIÈRE PARTIE

LA SAGA DU SUCRE

La monoculture du goût exige l'uniforme et le contrôle.
Michael Pollan, **Botany of Desire**

1. GLOBÉSITÉ

L'obésité s'exporte; la maladie se transmet par le négoce. On peut dresser des comparaisons entre nations, établir une hiérarchie: ça n'est pas compliqué, à condition de connaître le poids et la taille des citoyens. Dans cette discipline, la France occupe un rang en milieu de tableau, au sein de ce que les commentateurs sportifs nomment «le ventre mou du classement». Notre pays compte aujourd'hui, selon l'Organisation de Coopération et de Développement économique (OCDE), huit millions et demi d'obèses, soit 17% de la population. Ce qui nous situe à équidistance du meilleur élève de la classe, le Japon, et des cancres habituels que sont les États-Unis et le Mexique, solidement accrochés à la dernière place avec 50% d'obèses. Globalement, la palme dans le domaine revient aux petites nations du pacifique sud: Palau, Nauru, Samoa et Tonga. Dans ces îles aux noms évocateurs, 90% des adultes sont trop gros. Ravagés par le diabète et les maladies cardio-vasculaires, leurs habitants ne font pas de vieux os: la Polynésie est le paradis des pharmacies.

L'épidémie de surpoids dans ces atolls constitue un phénomène inédit: apparu dans les années 1970, il retient désormais l'attention des scientifiques. En 2019, une équipe de médecins néo-zélandais entreprit de réaliser une étude à la fois simple et originale. Pour connaître les habitudes alimentaires des enfants polynésiens, ils décidèrent d'espionner 35 écoliers en les équipant d'une caméra portable habillée d'un objectif grand-angle de 136 degrés. Filles et garçons devaient conserver les appareils autour du cou durant toute la journée, mais impérativement les enlever lors de leurs visites au petit coin. L'expérience se déroula dans le cadre enchanteur de Ha'apai; un îlot de l'archipel des Tonga peuplé de 6 125 habitants et relié à la capitale Nuku'Alofa par un ferry quotidien. Le bout du monde, en somme.

Les investigateurs, avec à leur tête le docteur Loma Veatupu, souhaitaient étudier le comportement des enfants vis-à-vis de la nourriture; non seulement savoir ce qu'ils mangeaient, mais où, quand et comment. Les 35 volontaires respectèrent à la lettre les instructions en arborant fièrement leurs caméras sur la poitrine 12 heures par jour pendant une semaine. Les scientifiques purent ainsi collecter 300 000 images qu'ils analysèrent durant huit mois avant d'aboutir à une conclusion stupéfiante : la géographie et les traditions culturelles influencent de moins en moins la conduite alimentaire des individus. Le lieu de résidence n'a plus d'importance : Tongatapu copie Pontault-Combault. Telle une gigantesque épicerie, la planète débite partout les mêmes confiseries.

Les écoliers tongiens privilégient le grignotage et s'accordent trois ou quatre collations quotidiennes. Des bonbons, des biscuits, des gâteaux et des glaces qu'ils consomment le plus souvent à l'extérieur. Les repas pris au domicile familial se composent à parts égales de nourriture traditionnelle (poissons, fruits frais et légumes) et de denrées industrielles (chips, pizzas, nuggets de poulet). Hors de chez eux, les enfants mangent exclusivement des produits importés des États-Unis ou d'Australie. Pour les responsables de l'étude, le constat ne fait aucun doute : même dans les régions les plus reculées, les gamins sont exposés à un environnement qui prédispose au surpoids. Ce dernier constitue une forme d'adaptation à un milieu corrompu par un excès de calories.

Ce contexte obésogène est omniprésent : personne sur cette planète ne saurait échapper à l'emprise tentaculaire de l'industrie agro-alimentaire. Bienvenue donc dans le monde global de l'obésité. Un monde né à l'aube du vingtième siècle dans un laboratoire de Karlsruhe, alors qu'il aurait dû voir le jour à Paris : mais pour cela, il eût fallu que Rüfenacht fasse gaffe.

*****

William Crookes, le président de la British Association for the Advancement of Science, ne cache pas son inquiétude ; l'avenir de l'humanité paraît compromis. Il n'y a pourtant rien de nouveau dans ce triste constat : en 1803 déjà, le révérend Thomas Malthus prédisait la catastrophe. Sa théorie, selon laquelle les populations croissent de façon exponentielle (1, 2, 4, 8, 16, 32) alors que les ressources alimentaires n'augmentent que de manière arithmétique (1, 2, 3, 4, 5, 6), semblait en passe de se réaliser. Une vieille préoccupation, quasi ontologique ; depuis la nuit des temps, l'être humain vivait dans la peur. Peur du froid, peur de la maladie, peur de la guerre, mais surtout peur d'avoir faim. Sir William souhaite aborder dans son discours inaugural le thème du pain, ou plutôt du manque de pain. Très digne avec son col cassé, sa barbichette et ses moustaches à l'anglaise, l'orateur a pris place sur le podium et considère gravement l'audience constituée d'un aréopage des plus éminents savants européens. Ces derniers ont conscience de la solennité du moment : dans le City Hall de Bristol, le silence règne, en ce mercredi 7 septembre 1898.

Le président commence son allocution en remarquant que les données démographiques, hélas, vont toutes dans le même sens et que la communauté scientifique se doit d'examiner la réalité des faits. Si les choses continuent à ce rythme, les habitants du continent européen n'auront bientôt plus assez à manger ; les bouches à nourrir se multiplient, alors que la production de céréales stagne. Les sols s'avèrent peu fertiles ; quant au climat, il n'aide pas. William Crookes a refait plusieurs fois ses calculs, avant d'arrêter une date :

– Dans 30 ans, affirme-t-il, les ressources de la planète seront insuffisantes pour nourrir l'humanité. Mes chers collègues, la famine s'annonce inéluctable.

Les termes de l'équation étaient limpides : peuplé à l'époque de 500 millions d'individus, l'Occident dépendait pour sa survie de la culture du blé. Les gens ne mangeaient pour ainsi dire que du pain : 400 grammes par jour, soit une consommation annuelle de 130 kilos de céréales par habitant. La production mondiale s'élevait à 70 millions de tonnes, ce qui permettait tout juste de couvrir les besoins, mais ne suffirait bientôt plus si la population continuait à croître. La pénurie trouvait son origine dans les faibles rendements des sols qui rapportaient à peine plus d'une tonne par hectare. Pourtant, le président Crookes retrouve son optimisme légendaire au moment d'aborder ses thèmes favoris : la Science et les forces de l'esprit.

– Un grand défi nous attend : inventer, au cours des vingt prochaines années, un engrais capable de doubler, voire de tripler la productivité des sols. Le salut viendra des laboratoires ; les chimistes sauveront l'humanité de ce terrible péril. Car, pour croître et prospérer, les végétaux ont besoin d'azote. Or, les réserves d'azote dans l'univers sont infinies : l'air que nous respirons n'est-il pas constitué à 78% de ce gaz ?

Dans le public, la consternation règne. En outre, l'heure du déjeuner approche et des considérations pratiques commencent à se faire sentir ; ces grands savants sont aussi de vieux messieurs qui tolèrent mal la double contrainte d'une vessie pleine et d'un estomac vide. Quant à Sir William, conscient que ses propos ont fait mouche, il jubile, d'autant plus qu'il a gardé le meilleur pour la fin. L'orateur tient à respecter la règle d'or dans ce genre d'adresse : toujours conclure sur une note optimiste.

– Et donc mes chers collègues, je vous pose la question : ne pourrait-on pas utiliser tout cet azote atmosphérique et le combiner avec de l'hydrogène pour fabriquer des engrais ? L'ammoniac, mes amis ! Je vous le dis : sur cette molécule repose le destin de l'humanité ! Le vingtième siècle sera azoté ou ne sera pas !

À cette époque, deux scientifiques tenaient la corde dans la course à la synthèse de l'ammoniac : Fritz Haber et Henri Le Châtelier. Ce dernier s'était passionné très tôt pour la chimie industrielle : « Mon plaisir, écrivait-il, consiste à étudier les lois de l'Univers, à en étendre les applications et à en découvrir de nouvelles conséquences ». Henri semblait proche de réaliser l'exploit, avant qu'une grossière erreur de manipulation ne cause une formidable explosion qui détruisit l'aile sud de la Sorbonne. L'incident fut fatal au commis maladroit, un certain Gilbert Rüfenacht qui devint ainsi le premier martyr de l'ammoniac ; personne, à vrai dire, ne regretta la victime, un grand garçon au regard fuyant dont les manières brusques trahissaient des origines suisses allemandes. Quant à Le Châtelier, vingt ans plus tard, il n'avait toujours pas digéré son échec :

– Si cet imbécile de Rüfenacht n'avait pas tout fichu en l'air, c'était dans la poche… J'aurais réussi la synthèse de l'ammoniac bien avant le Boche ! Quand j'y pense… Le prix Nobel me tendait les bras !

En effet, pendant ce temps, l'état-major allemand ne cachait pas son intérêt pour les propriétés explosives de la substance. Le gouvernement du Reich concentrait son attention sur les recherches conduites dans ce domaine par Fritz Haber, chef du département de chimie de la Technische Hochschule de Karlsruhe. Parmi la foule des visiteurs qui se pressait pour rencontrer le professeur Haber, on remarquait la présence de généraux en uniforme gris et casque à pointe, ce qui flattait Fritz. Car Haber chérissait la Science autant que l'Allemagne : il avait d'ailleurs renié son judaïsme pour mieux épouser les idéaux de cette dernière. Mise au point en 1910, l'invention allait révolutionner la production agricole, et par conséquent l'alimentation :

$$N_2 + 3\,H_2 = 2\,NH_3$$

La découverte de la synthèse de l'ammoniac (NH_3) à partir de ses éléments, l'azote (N) et l'hydrogène (H) valut à son inventeur le prix Nobel de Chimie en 1918. Haber avait trouvé le moyen de produire industriellement des engrais ; l'usage de ces derniers permettait de multiplier par dix le rendement des sols. Sans ammoniaque (NH_4OH - la forme liquide) ni ammoniac (NH_3 - la forme gazeuse), les ressources actuelles de l'agriculture suffiraient tout juste à nourrir quatre milliards d'individus. Fritz mérite donc le titre posthume de meilleur cuisinier de tous les temps ; sans lui, aujourd'hui, la moitié de l'humanité crèverait de faim.

Fritz Haber aurait dû, dans la grande Histoire des Sciences, occuper un rang prestigieux aux côtés d'Albert Einstein, prix Nobel de Physique en 1921. Issus du même milieu social, les deux hommes entretenaient une amitié et une admiration réciproques : pourtant, leurs opinions politiques divergeaient. Emporté par ses sentiments patriotiques, Fritz mit dès 1914 son génie au service de la guerre chimique ; il inventa le gaz moutarde, ce poison neurotoxique qui causa la perte d'un million de soldats durant le premier conflit mondial. Certains l'accusent d'avoir contribué à la mise au point du Zyklon B, le pesticide utilisé deux décennies plus tard dans les camps d'extermination.

En dépit de tous ses efforts et de la petite moustache hitlérienne qu'il arbora fièrement dès 1933, le professeur Haber ne fut jamais considéré comme un « bon Allemand » par les nazis. Ses collègues eurent beau plaider sa cause auprès du Führer, ce dernier refusa toujours de déroger à la règle : « Si la science ne peut se passer des juifs, affirmait-il, alors l'Allemagne se passera de la science ». Fritz Haber dut s'avouer vaincu : malgré son génie, malgré sa moustache, malgré sa nouvelle religion, un apostat tel que lui ne trouverait jamais sa place parmi les élites du Troisième Reich. Il ne lui restait qu'une possibilité : quitter Karlsruhe et rejoindre la diaspora des scientifiques allemands en exil.

Le 28 janvier 1934, Fritz boucla ses valises et prit le train du matin à destination de Bâle. Le séjour de l'inventeur de l'ammoniac dans la cité rhénane fut de courte durée ; victime d'une crise cardiaque, Haber mourut le lendemain de son arrivée à l'Hôtel des Trois Rois. Dans ses effets personnels, les policiers découvrirent une traduction en allemand du Talmud ; une brochure intitulée « *A Tourist's Handbook for Palestine and Syria* » ; une lettre en hébreu portant la signature de Chaïm Weizmann, recteur de l'Université de Rehovot ; et une réservation pour une cabine de première classe sur le vapeur *SS La Providence* qui devait appareiller de Marseille le 15 juin à destination de Jaffa, via Naples et Alexandrie. Fritz Haber n'était pas pressé : dans son agenda, cette année-là, il n'avait coché qu'une seule date, le 18 septembre, jour de Yom Kippour qu'il espérait célébrer à Jérusalem. Mais l'inventeur de l'ammoniac et du gaz moutarde aurait-il obtenu, de son Dieu originel, le Grand Pardon ?

*****

La fabrication d'engrais s'accéléra au cours des années 1950. Le monde entier avait besoin de la molécule miracle, en particulier les agriculteurs soucieux de rejoindre le train de « la révolution verte » ; terme mal choisi, puisque la révolution en question reposait principalement sur la chimie. Aujourd'hui, 467 usines (dont 394 en Chine) produisent chaque année 200 millions de tonnes d'ammoniac, dont les trois-quarts sont réservés à la synthèse de fertilisants azotés, le reste servant à confectionner des explosifs. La France compte trois ou quatre unités de production, mais les autorités communiquent peu à ce sujet : le stockage de cette substance comporte des risques équivalents à ceux d'une centrale nucléaire. L'ammoniac est d'ailleurs la cause de trois des pires catastrophes industrielles du XXIe siècle : la destruction d'AZF à Toulouse en 2001, de West Fertilizer au Texas en 2013 et du port de Beyrouth en 2020. L'agriculture compte de plus en plus sur l'apport des engrais azotés. Grâce à eux, le rendement des terres n'a jamais été aussi élevé ; les résultats varient en fonction du type de végétal et du climat, mais on estime que l'ammoniac a permis de multiplier par dix la production de céréales. D'un hectare, on tirait en 1945 à peine une tonne de blé ; aujourd'hui, les exploitants sont déçus lorsque la même surface en rapporte moins de huit. Afin d'augmenter encore les profits, on planifie des doubles voire des triples récoltes de riz en Chine et en Inde. La terre pourtant se fatigue et flirte parfois avec le burn-out tant les exigences sont grandes. Les sols sont devenus des esclaves auxquels on impose toujours plus d'efforts. La nature, telle une athlète dopée aux anabolisants, observe, effarée, l'effet de l'ammoniac sur sa morphologie.

Les prévisions du Révérend Malthus se sont révélées fausses : grâce à l'ammoniac, l'humanité mangerait toujours à sa faim. C'est même l'inverse qui s'est produit ; on manque d'estomacs pour consommer toute la nourriture fabriquée sur la planète. Les engrais, les pesticides, les méthodes modernes d'irrigation, l'utilisation de semences génétiquement modifiées : tous ces facteurs ont contribué à ce que l'industrie agro-alimentaire puisse désormais fournir 3 700 calories par jour à chaque habitant de la planète. Or, on n'en demande pas tant : 2 200 calories suffiraient à couvrir les besoins quotidiens d'un individu de 70 kilos. À l'origine de la surconsommation de nourriture, on trouve donc un phénomène agricole : la surproduction de blé, de maïs et de soja. L'ammoniac est donc responsable de deux explosions qui survinrent simultanément au début des années 1980 : celle du surpoids et celle du surplus. La molécule inventée par Fritz Haber allait agir à la façon d'une bombe à retardement.

À cette époque, les fonctionnaires du Département de l'Agriculture des États-Unis (USDA) furent confrontés à un problème nouveau : comment écouler les excédents de céréales résultant de l'exploitation intensive des sols dans le Midwest ? La solution apparaissait pourtant simple : exporter. Mais comment s'y prendre, avec toutes ces frontières et ces taxes barrant l'accès aux marchés étrangers ? Comment se débarrasser de toute cette fécule ? Jusqu'au jour où les experts de l'USDA firent une découverte. Au sud du Rio Grande se trouvait un pays peuplé de 100 millions d'individus, dont la survie dépendait d'un végétal millénaire que les Aztèques vénéraient à la façon d'une idole : *Zea mays*.

Pobre México, tan lejos de Dios y tan cerca de los Estadios Unidos : « Pauvre Mexique, si loin de Dieu et si près des États-Unis », proclamait Porfirio Diaz au terme de ses 35 années de règne. En 1994, le gouvernement mexicain choisit d'ignorer la prophétie du dictateur : funeste erreur ! L'entrée en vigueur de l'accord de libre-échange nord-américain (ALENA, NAFTA en anglais) fut une catastrophe diététique pour le pays. Les fermiers du Midwest, eux, se frottaient les mains ; leurs surplus avaient enfin trouvé preneurs. La levée des taxes de douane permit de multiplier par quatre les exportations de maïs. Des millions de tonnes de céréales produites aux USA inondèrent le marché mexicain et firent chuter les prix de cette denrée de base, entraînant la faillite d'une multitude de petits paysans. Ces derniers n'eurent pas d'autre choix que d'émigrer vers le nord pour embrasser la carrière de jardinier : la culture du maïs ne rapportant plus rien, autant aller tailler des thuyas à Tampa.

En parallèle, l'industrie du fast-food décida de cibler ce nouveau marché de 100 millions d'estomacs réticents au premier abord, mais qu'un marketing efficace saurait convaincre d'adopter les coutumes alimentaires en vigueur aux USA. McDonald's inaugura son premier restaurant à Mexico City en 1985 ; aujourd'hui, la firme compte plus de 500 enseignes implantées dans 57 localités. Les Américains eux-mêmes n'en revenaient pas : leurs profits surpassaient les prévisions les plus optimistes. Le peuple mexicain raffolait de tout ce qui provenait du nord : de la nourriture, bien sûr, mais aussi des boissons. Avec 225 litres par an et par habitant, cette nation détient toujours la palme du premier consommateur mondial de Coca-Cola. Les gens étaient pris d'une passion dévorante pour ces calories importées à bon marché : ils en payent aujourd'hui le prix.

Selon une enquête conduite en 2016, 76 % des Mexicains sont trop gros : 39 % sont en surpoids et 37 % sont obèses. Le pays compte

16% de diabétiques. Le gouvernement s'inquiète à juste titre : trois citoyens sur quatre souffrent d'une ou de plusieurs maladies chroniques en relation avec l'alimentation. Les modifications de l'environnement et du mode de vie sont survenues si rapidement que leur impact sur la santé des habitants ne s'est pas fait attendre. La transformation morphologique de la population frappe les touristes : contrairement au diabète, sournois par nature, le surpoids s'observe à l'œil nu. Suite à l'adoption des accords de libre-échange, il a suffi d'une génération pour que les citoyens mexicains développent les mêmes maladies que leurs voisins du nord. L'ALENA avait pour objectif de faciliter les transactions entre ses pays membres, ce qui fut réalisé : avec en parallèle, la propagation du surpoids.

Sommes-nous tous, ici-bas, condamnés à suivre l'exemple des Mexicains ? Le but de l'Organisation mondiale du Commerce ne serait-il pas de garantir aux géants de l'agro-alimentaire un accès direct à tous les estomacs de la planète ? À ce sujet, on constate que la nation qui résiste le mieux à l'épidémie d'obésité, le Japon, est aussi celle qui défend avec le plus de conviction ses frontières. Hélas, les Nippons représentent l'exception qui confirme la règle : la plupart des Terriens ne font rien pour protéger leurs traditions culinaires, à l'instar des six mille habitants de Ha'apai, dans l'archipel des Tonga, où se clôt ce chapitre.

*****

À Pangai, petite bourgade de 2 000 âmes, les parents et les amis de Vaitai Afu se sont réunis pour rendre un dernier hommage au défunt. Après la cérémonie religieuse et l'inhumation, la petite troupe a rejoint la demeure familiale, au fond d'une ruelle paisible qui donne sur Loto Kolo Road. À l'arrière se trouve un grand manguier à l'ombre duquel les hommes du clan se sont assis pour jouer aux cartes et boire des bières. Pendant ce temps, leurs épouses s'activent auprès du barbecue, occupées à préparer le plat national des îles Tonga : des croupions de dinde importés du Wisconsin et qu'on acquiert pour la modique somme de 6,40 pa'angas (2 dollars) le kilo dans l'épicerie qui jouxte le terminal du ferry. Un peu à l'écart, quelqu'un a branché un poste de télévision sur Disney Channel afin de distraire les enfants ; plusieurs d'entre eux portent autour du cou une sorte de minicaméra qui clignote à intervalles réguliers. Serait-ce une tradition locale ? Un gri-gri pour éloigner les mauvais esprits ? Le décès de Vaitai Afu n'a surpris personne : à 59 ans, il souffrait d'un diabète difficile à contrôler. Les médecins n'avaient pu enrayer la gangrène et éviter l'amputation de sa jambe gauche. Comme presque tout le monde sur l'île, le défunt était obèse, ainsi que nous le confirme Haalaevalusa, sa veuve :

– Moi aussi, je suis trop grosse et je risque d'en mourir ; mais j'ai 56 ans, alors ça n'a plus guère d'importance. Je suis vieille, j'ai fait mon temps. Je m'inquiète surtout pour mes filles et mes petits-enfants : je crains que pour eux le pire ne soit à venir.

Le constat se vérifie dans les statistiques : les citoyens des îles du Pacifique décèdent en moyenne à 55 ans. Une telle baisse de l'espérance de vie étant inédite, deux épidémiologistes sont accourus de New York pour étudier le phénomène. Ils ont enquêté durant un mois à la façon des témoins de Jeovah : en faisant du porte-à-porte, toujours polis dans leurs costumes-cravates sombres. Ils distribuaient un questionnaire de six pages dactylographiées que les habitants ne feignaient même pas de lire. Vu le manque de résultats probants, le séjour des deux croque-morts sur l'atoll fut court. Quinze jours plus tard, ils plièrent bagage. Ils n'avaient rien à proposer, hormis de donner un nom à l'épidémie : « la Maladie du Nouveau Monde ».

2. SUCRE

C'est une jeune souris blanche prenant part à une expérience : on étudie grâce à la Science, ses goûts, voire ses préférences. Enfermée dans une cage de polycarbonate aux dimensions standard (58 x 38 x 20 cm), la bête est confrontée à un choix ; inclinés vers le bas à la manière de mamelles, deux récipients identiques s'offrent à elle. Les biberons sont coiffés de petites tétines en caoutchouc rouge connectées à des capteurs électroniques qui enregistrent chaque coup de langue du mammifère. Charles Zuker a vérifié et revérifié chaque détail de la procédure, on va donc pouvoir commencer :
– Moteur ! ordonne alors le neurobiologiste, au comble de l'exaltation.

Le professeur Zuker est un chercheur réputé : ses travaux sur le sens du goût font autorité. Le protocole de l'étude, préalablement soumis à la commission d'éthique de l'Université de New York, a suscité l'enthousiasme ; d'ores et déjà, les plus prestigieuses revues scientifiques se disputent la publication des résultats. On comprend donc l'anxiété qui règne dans le laboratoire où les quinze scientifiques présents scrutent le comportement de la petite souris blanche. Mais cette dernière se montre capricieuse ; plus star que victime, l'animal procède d'abord à sa toilette intime.

Durant la première partie de l'étude, le biberon de gauche renferme de l'eau, alors que celui de droite est rempli d'un mélange d'eau et de glucose. Sans hésitation, la souris opte pour la boisson sucrée : elle confirmera son choix initial pendant toute l'expérience. Dans un deuxième temps, on remplace la bouteille de gauche par une mixture d'eau et d'aspartame, qui procure au liquide un goût sucré artificiel. Au début, le mammifère s'étonne, puis tâtonne ; mais dès le deuxième jour, il ne tète plus que le flacon de droite, qui contient du vrai sucre. L'animal n'a pas tort : outre sa saveur repoussante, l'aspartame provoque des cancers du foie chez les rongeurs.

Dans un troisième temps, Charles Zuker révèle l'étendue de son talent. L'expérience devient passionnante quand on la répète, mais en utilisant cette fois des souris génétiquement modifiées et dépourvues de sens du goût. Ces rongeurs mutants ne possèdent plus de récepteurs à la base de la langue ; ainsi pénalisées, les bêtes ne peuvent plus différencier une boisson sucrée d'une boisson salée. Les chercheurs new-yorkais s'interrogent : ce handicap va-t-il influencer le comportement du mammifère ? Non, répondent les capteurs électroniques placés sur les tétines : les animaux privilégient toujours la bouteille de droite. Même incapables d'en apprécier la saveur, les souris continuent à préférer le sucre. Pourquoi ? Parce que, conclut Charles Zuker, celui-ci exerce surtout ses effets au niveau du cerveau.

La présence de sucre est enregistrée par l'intestin : transmise par le nerf vague cette information parvient à l'hypothalamus, une région impliquée dans les phénomènes d'addiction. Le message en question stimule la libération de dopamine, la molécule du plaisir. Les scientifiques ont baptisé « circuit de la récompense » ce processus commun à toutes les drogues, et qui tend à renforcer un comportement en exigeant sa répétition jusqu'à ce qu'il devienne une habitude. L'expérience menée par Charles Zuker démontre que les mammifères possèdent des connexions neuronales spécifiques dont la finalité est de reconnaître et d'apprécier l'existence de glucose dans l'alimentation. Le cerveau humain encourage la consommation de sucre. Nos ancêtres ont donc eu ce privilège ; vivre durant des millions d'années dans un milieu dépourvu de ce poison.

*****

Sucrose ou saccharose, $C_{12}H_{22}O_{11}$. Une molécule de glucose associée à une molécule de fructose ; la substance a dû pourtant patienter avant d'atterrir dans nos assiettes. Longtemps, l'univers fut pauvre en sucre. Nos aïeux en connaissaient à peine le goût et ne ressentaient aucun besoin d'en manger. Ils vivaient de la chasse et de la cueillette et s'en portaient bien. Leur alimentation suivait le rythme des saisons : beaucoup de végétaux, de jeunes pousses, diverses feuilles, quelques baies des bois, des noisettes et des amandes, ici et là. Réunis autour du feu, les membres de la tribu se partageaient les restes d'une taupe étique qu'ils grignotaient du bout des dents. La nature faisait parfois preuve de générosité : des os longs d'un bison vaincu par l'âge, on charognait la moelle qu'on mangeait en potage. C'était chaud, et puis c'était bon.

Il fallait survivre à l'hiver : on jeûnait en espérant des temps meilleurs. Au printemps, le miel attisait les convoitises, mais les ruches étaient des forteresses bien gardées. L'entreprise exigeait de l'audace, voire de la témérité, qualités surtout présentes chez des adolescents porteurs de pagnes en mode taille basse. Les adultes encourageaient ce type d'activité : c'était, pensaient-ils, toujours mieux que de rester toute la journée dans la caverne à s'épouiller parmi. Les jeunes chasseurs de miel partaient à l'aventure le cœur léger. À la nuit tombée, ils rejoignaient la tribu l'air las, les mains vides, et la peau des fesses criblée de dards. Les rires des aînés résonnaient longtemps dans la grotte : les morveux avaient appris à leurs dépens que l'abeille n'est pas prêteuse, c'est là son moindre défaut.

Caractérisé par sa pauvreté en hydrates de carbone, le régime paléolithique convenait fort bien à nos ancêtres ; grâce à l'action d'une batterie d'enzymes adéquats, leurs organismes transformaient sans peine lipides et protéines en glucose. Vivre à cette époque comportait pourtant deux désagréments majeurs : l'espérance de vie était courte (40 ans en moyenne) et on mangeait rarement à sa faim. Les périodes de jeûne forcé semblaient interminables, l'hiver surtout. Les hommes des cavernes pouvaient néanmoins compter sur un allié de poids : leur métabolisme. Une redoutable machine capable d'extraire le maximum d'énergie du minimum d'aliments.

Au cœur de chaque cellule résidait un moteur conçu pour fonctionner à plein régime, même en cas de pénurie d'essence. Ce moteur si efficace est resté inchangé tout au cours de l'évolution ; nous métabolisons la nourriture de la même manière que nos ancêtres préhistoriques. Alors que le carburant, lui, s'est considérablement modifié : le premier changement majeur survint il y a dix mille ans avec la transition du nomadisme à la sédentarité et la disparition progressive des chasseurs-cueilleurs. Une ère nouvelle vit le jour, propice à la pratique d'une profession innovante : agriculteur céréalier.

À cette époque, les gens en ont eu assez de courir après le gibier. Ils souhaitaient embrasser d'autres valeurs : se reposer un peu, passer plus de temps en famille. Bref, privilégier le mieux-vivre. Disposant désormais d'outils adaptés, l'être humain pouvait travailler la terre à sa guise et maîtriser la production de nourriture. Il arrivait qu'on puisse faire des réserves de blé et prévoir le menu du lendemain ; c'est durant le Néolithique qu'on inventa la pantoufle et le hamac. On récolte des céréales depuis 10 000 ans ; du riz, du soja, des pommes de terre ou du maïs selon les latitudes et les climats. Ces aliments riches en hydrates de carbone fournissaient davantage de calories. Leur consommation procurait une sensation méconnue jusque-là : la satiété. Pour la première fois dans l'histoire de l'humanité, on pouvait s'endormir l'esprit tranquille et l'estomac plein.

La détérioration de notre rapport avec l'environnement date de cette époque. Au temps du paléolithique, on partait à la chasse le cœur rempli d'espoir, tout en ignorant ce que la nature allait offrir pour le dîner ; c'était elle qui décidait du menu. Avec l'invention de l'agriculture, l'équilibre fut rompu ; les sols devinrent des esclaves domestiques forcés de produire des denrées alimentaires. Désormais, c'était Homo sapiens qui choisissait son repas : et mieux valait que ce dernier fût copieux.

Au Moyen-Âge, la nourriture était relativement abondante, mais peu variée : chaque individu consommait un kilogramme de pain par jour. Des légumes verts (choux, épinards ou poireaux) fournissaient les vitamines nécessaires. Lentilles, haricots et pois chiches procuraient des protéines ; on mangeait rarement de la viande. Le sucre, s'il avait existé, n'aurait pas fait un tabac ; les paysans n'auraient pas eu les moyens de s'en procurer. Il fallut attendre le XVe siècle pour que les Espagnols commencent à cultiver la canne dans les îles Canaries, principalement pour en tirer du rhum.

À son retour de l'île Maurice, en 1770, Bernardin de Saint-Pierre avait mis en garde ses contemporains : « J'ignore si le sucre et le café feront le bonheur de l'Europe, mais je sais déjà que ces deux végétaux ont fait le malheur de deux parties du monde. On a désertifié les Caraïbes afin d'avoir une terre pour les planter, on dépeuple l'Afrique afin d'avoir des esclaves pour les cultiver ». L'histoire de la canne à sucre se confond en effet avec le colonialisme. La plante est peu exigeante : elle repousse sept années de suite sans l'intervention de quiconque à condition de profiter du climat chaud et humide des pays tropicaux. En Haïti, à la Jamaïque et à Cuba, la récolte a lieu entre janvier et mai. À peine coupées, les tiges passent au pressoir ; on en extrait un jus verdâtre qu'il convient de cuire à bonne température pour obtenir après évaporation un cristal de couleur rousse, la cassonade. Cette matière brute était ensuite transportée par bateau vers Amsterdam, Le Havre ou Southampton. Un ultime raffinage précédait la mise en vente des cristaux. Ce négoce s'accompagnait de bénéfices importants, car l'Europe réclamait un moyen de tempérer l'amertume de deux nouvelles boissons à la mode : le thé et le café.

À l'aube du XIXe siècle, le commerce du sucre reposait sur un schéma triangulaire dont les sommets étaient des ports où s'échangeaient les marchandises. Nantes, Dakar et Port-au-Prince, pour les Français ; Liverpool, Lagos et Kingston pour les Anglais. Voyages périlleux, car l'Atlantique pouvait réserver de mauvaises rencontres. Les navires quittaient le vieux continent, emportant à leur bord des armes, des étoffes et de la verroterie : sur les côtes africaines, on troquait ces biens contre des esclaves qu'on transportait ensuite jusqu'aux Caraïbes, où les plantations de canne réclamaient toujours plus de bras. Une fois la cargaison humaine déchargée, le plus dur était fait : l'équipage pouvait s'accorder un peu de bon temps, avant que les lourdes embarcations reprennent le large, face aux alizés, les soutes emplies de cassonade et de rhum.

La poudre blanche était vendue un franc le kilo dans les épiceries parisiennes. On en faisait du sirop, des fruits confits, de la marmelade ou des bonbons, pour le plus grand plaisir des dames de la noblesse. Joséphine de Beauharnais, qui en était folle, fut punie pour sa gourmandise ; le sucre ternit bientôt sa beauté en lui abîmant les dents, qu'elle avait fort laides et rongées de cavités propices à la prolifération des bactéries anaérobies. À peine arrivée sur le marché, la substance exhibait déjà ses mauvais côtés : caries, érosion de l'émail et corruption de l'haleine. En conséquence de quoi, Joséphine puait du bec : dans l'intimité, même Napoléon était contraint de reculer.

Survenue le 22 août 1791, la révolte des esclaves en Haïti mit en péril un secteur économique florissant. Sans main-d'œuvre bon marché, pas de sucre, ou alors du sucre beaucoup plus cher et hors de portée des bourses ouvrières. D'où la nécessité de trouver un produit de remplacement capable de satisfaire les besoins de la population française et des armées de Bonaparte : n'importe quel végétal ferait l'affaire, pour peu qu'il s'épanouisse en France métropolitaine. Vingt ans plus tard, Benjamin Delessert (1773-1847) parvenait à extraire le glucose des betteraves cultivées en Picardie. Rendons ici hommage à cet homme remarquable qui fut le premier patron de gauche, à la fois soucieux du bien-être des ouvriers et sensible à la détresse des plus démunis.

Delessert connut un destin glorieux : Baron de l'Empire, Régent de la Banque de France, il fut le fondateur des Caisses d'épargne et le créateur du livret A. Éminent botaniste et amoureux de la nature, ce disciple de Jean-Jacques Rousseau possédait la plus belle collection de coquillages au monde. Ses deux plus importantes réalisations concernent néanmoins le domaine culinaire : outre le sucre de betterave, il fut l'inventeur des soupes populaires.

Cent mille arpents furent consacrés à la culture de la betterave : la récolte d'octobre 1813 permit la fabrication de deux millions de kilos de cassonade, au grand soulagement des Français, car le sucre s'était vite imposé comme une denrée essentielle. En période de pénurie, les gens se désolaient de ne pas avoir fait de provisions. La coutume était établie : pour se donner du courage, les ouvriers avalaient le matin un bol de café au lait sucré. Cette boisson, à la fois calorique et stimulante, leur dispensait les ressources énergétiques nécessaires pour s'activer jusqu'au déjeuner. Parmi toutes les privations subies durant la Première Guerre mondiale, le rationnement du sucre fut le plus durement ressenti par la population ; chaque citoyen français avait droit à 500 grammes par mois, soient quatre morceaux par jour. Une quantité dérisoire si l'on considère que, depuis 1800, la consommation de cette substance n'avait cessé de progresser. Une nouvelle catégorie d'individus affamés de glucose et de fructose peuplait désormais l'Occident : *Homo saccharum*.

Le XIXe siècle fut le théâtre d'une double révolution, industrielle et métabolique. L'attirance de la population pour les denrées importées s'accéléra à partir du moment où le thé et le café devinrent accessibles à tous. La production mondiale de sucre fut multipliée par 24 ; de 250 000 tonnes en 1800, elle s'établit à 6 000 000 de tonnes en

1900. La consommation s'envola, passant de 4 à 40 kilos par an et par habitant. En 1789, la part du sucre dans les apports caloriques quotidiens était de 2% : à la fin du XIXe siècle, elle atteignait 15%. L'humanité devrait bientôt payer le prix de ce bouleversement alimentaire ; seule l'addition serait salée.

Cultivée en faibles quantités, la betterave ne permettait pas de couvrir les besoins des Européens. Les Anglais importaient leur cassonade depuis la Jamaïque et la Barbade, les Français depuis la Martinique et la Guadeloupe, les Espagnols depuis Cuba. Les Américains, quant à eux, faisaient face à une demande domestique toujours plus pressante : la production locale, en Floride et en Louisiane, ne suffisait plus à ravitailler les 35 raffineries du pays. Ces dernières appartenaient à de puissants industriels, tel Isaac Roosevelt, l'arrière-arrière-grand-père de Franklin Delano, 32e président des États-Unis. Cherchant sans cesse à diversifier leur portefeuille, ces astucieux commerçants considéraient d'un œil gourmand l'actualité politique des Caraïbes.

Sous l'impulsion des troupes de José Marti, un soulèvement populaire avait éclaté à Cuba en 1895. Les autorités de Washington décidèrent d'envoyer sur place leur plus antique navire de guerre, afin de « protéger les intérêts américains ». Le cuirassé *USS Maine* mouillait mollement dans le port de La Havane, lorsqu'il fut détruit par un incendie le 15 février 1898. La cause de cette tragédie demeure peu claire, mais qu'importe : son principal mérite était de fournir aux Américains un excellent prétexte pour intervenir militairement sur l'île. L'issue du conflit ne faisait aucun doute ; sa principale victime fut l'empire colonial espagnol qui perdit dans l'aventure les Philippines, Guam et Puerto Rico. À Cuba, les Espagnols furent vite remplacés : les États-Unis avaient fait main basse sur la meilleure canne à sucre du monde.

Entre 1898 et 1959, hormis de remarquables cigares, Cuba ne produisit que du sucre au bénéfice d'un seul client : le voisin yankee. La monoculture reposait sur le labeur de paysans sans terres, des macheteros travaillant quatre mois par an pour un salaire de misère. Les propriétaires des plantations, quant à eux, séjournaient à Miami ou à New York, selon la saison. Leurs visites dans l'île étaient rares, ce qu'on peut comprendre : de mai à décembre, il ne se passe rien dans les champs de canne. Et quand enfin tout s'anime et qu'arrive le moment de la récolte, en janvier, c'est un enfer peuplé d'indigents suffoquant dans la poussière, le dos cassé en deux par l'exigence de couper la tige à vingt centimètres au-dessus du sol. La production cubaine atteignit son apogée en 1952 : sept millions de tonnes de sucre. Pour les entreprises américaines sur place, Cuban-Dominican Sugar, Barahona Sugar, Sugar Estates of Orient et Atlantic Fruit & Sugar, les profits étaient considérables. De 1920 à 1930, toutes ces sociétés étaient dirigées par un seul homme : George Herbert Walker, grand-père maternel de George Herbert Walker Bush, 41e président des États-Unis.

Dans le mot *machetero*, il y a macho et il y a machette. La colère aidant, le prolétaire cubain pouvait se métamorphoser en un dangereux guérillero muni d'une arme redoutable, suffisante en tout cas pour faire fuir les partisans de Batista. Quand il prit le pouvoir, en janvier 1959, Castro souhaitait instaurer une réforme agraire afin de redistribuer aux paysans les terres sur lesquelles ils suaient sang et eau. Ce programme ambitieux s'accompagnait de deux exigences ; la nationalisation des banques et l'expropriation des compagnies à capitaux américains. Cette dernière mesure fut particulièrement dure à encaisser pour les autorités de Washington, qui se retrouvaient ainsi confrontées à un nouveau défi : comment trouver chaque année six à sept millions de tonnes de sucre pour remplacer la production cubaine ? Et pourquoi pas la betterave, me direz-vous ? Parce que la culture de cette dernière comportait un inconvénient majeur : des coûts prohibitifs. Contrairement à ceux de Cienfuegos, les paysans du Minnesota revendiquaient un salaire.

Haïti et Cuba : les deux révolutions eurent les mêmes causes et des effets similaires sur l'écosystème du sucre. En 1791, la révolte des esclaves avait mis en péril le commerce triangulaire et contraint les puissances européennes à trouver une alternative à la canne à sucre. En 1959, l'arrivée au pouvoir de Fidel Castro allait priver l'industrie agro-alimentaire américaine de sa principale source de glucose : les grands événements métaboliques se produisent deux fois. Tristes tropiques ! Colonies ingrates ! L'Occident ne pouvait plus compter sur elles pour assurer son approvisionnement. Il fallait à nouveau dénicher un substitut à la canne à sucre, car un secteur économique, en particulier, redoutait la pénurie ; celui des boissons gazeuses, ces *soft-drinks* dont les ventes atteignaient des sommets depuis la fin de la Seconde Guerre mondiale. Dépourvu de sucre, le Coca-Cola ressemble en effet à un brouet préhistorique dont le goût amer et légèrement salé rappelle la saveur d'une baignade matinale dans les flots bistre d'une lagune ivoirienne.

*****

« Quel merdier ! » soupire Joseph K. sans desserrer les dents, alors qu'il se trouve seul dans son vaste bureau surplombant Madison Avenue. Titulaire d'un diplôme en chimie de Harvard, Joseph n'a pas pour habitude de céder au découragement. Mais, en cette matinée de février 1959, tout semble aller de travers : la veille, à Atlanta, les membres du conseil d'administration de la Compagnie se sont réunis en urgence afin d'établir un plan de sortie de crise. Les appels téléphoniques se sont succédés toute la nuit, avant qu'un télégramme ne vienne aux aurores confirmer les craintes de Joseph. En tant que directeur de l'unité Recherche et Développement, c'est à lui que revenait l'impossible mission : trouver très vite un moyen de produire dix millions de tonnes de sucre par an. Et ceci sur sol américain, bien sûr.

Dans un premier temps, Joseph a envisagé de consulter les experts du département de l'Agriculture, voire de demander l'avis de son vieux pote Dwight Eisenhower. Hélas, Ike a rendez-vous aujourd'hui avec Khroutchev ; encore un communiste. Décidément, ils sont partout. Ça va mal finir cette histoire, je vous le dis.

Joseph contemple d'un œil morne le spectacle du dehors : une avalanche de petits cristaux blancs s'est abattue sur la ville et recouvre les trottoirs d'une épaisse moquette immaculée. Dans la rue comme dans sa tête, c'est le chaos qui règne : un embouteillage s'est formé à l'angle de la Troisième Avenue sans qu'on puisse en distinguer la cause - mais, vu la quantité d'ambulances qui affluent toutes sirènes hurlantes, ça doit être grave. Perdu dans ses pensées, K. s'abandonne un instant dans l'observation du trafic sur Queensboro Bridge : seul

un léger frémissement du menton trahit son désespoir. Puis, Joseph se reprend. Soudain, on le voit redresser le buste et serrer les poings dans un geste rageur, puis murmurer à voix basse, les maxillaires crispés en un douloureux rictus :
– Castro ! *Hijo de puta !*...
Ce qui ne ressemble guère à notre héros, d'autant qu'il ne parle pas espagnol ; mais peut-être a-t-on mal compris, avec tout ce bruit dehors. Quoiqu'il en soit, Joseph saisit le combiné de bakélite noir et compose le numéro de Robert Liebenow. Le président de la Bourse du Commerce de Chicago est un vieux pote d'université :
– Bob ? C'est Joe au bout du fil (long silence) ; non, ce week-end je ne pourrai pas (une pause, K. s'agace un peu)... très joli parcours, je suis bien d'accord, mais ça n'est pas pour cela que je t'appelle : nous avons des soucis, Bob. De très gros soucis.
Bob n'est pas dupe ; même au golf, Joseph ne parle que des projets de la Compagnie pour conquérir le monde. Cette stratégie porte un nom : coca-colonisation.
– Les producteurs de maïs, interroge K., tu fréquentes ces gens ? Tu travailles avec eux, depuis longtemps, n'est-ce pas ?
Liebenow fronce les sourcils, car il ne voit pas le rapport : ni avec Cuba ni avec le Coca d'ailleurs. Mais oui, il les connaît même très bien, pourquoi ?
Joseph K. regarde fixement l'horizon balayé par la neige ; ce ne sont que des études préliminaires, des expériences conduites dans un laboratoire à 11 000 kilomètres de là par deux types bizarres. Mais c'est une piste qu'il convient d'explorer, puisque c'est la seule qu'on possède :
– Il semblerait qu'on puisse fabriquer du sucre à partir du maïs... Non, pas nous... Pas encore du moins (une pause plus longue). Des Japonais, en fait.

Le sucre au Royaume-Uni (1815-1970)

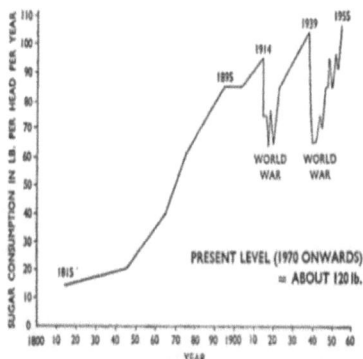

La consommation est passée de 5 à 43 kilos/an entre 1815 et 1914

(Source: Cleave TL. The Saccharine Disease, Bristol & Wight, 1974)

3. MAÏS

Yoshiyuki Takasaki et Osamu Tanabe exercent la profession de biochimiste au sein de l'Institut des Sciences et des Technologies industrielles de Chiba. Célibataires endurcis, les deux quadragénaires affichent un tel désintérêt pour la gent féminine que les laborantines du Département de Chimie agricole ont fini par perdre espoir. Tant mieux pour les deux chercheurs qui peuvent se concentrer sur leur domaine de prédilection : la fermentation des micro-organismes du genre *Streptomyces*. Cette activité ingrate laisse peu de place à l'imagination. Quant à l'endroit en lui-même, il n'a rien de bucolique ; la ville, construite sur une zone marécageuse bordant la baie de Tokyo, est réputée pour sa laideur. Les habitants de la capitale s'accordent d'ailleurs tous sur un point : Chiba, c'est un trou.

On ne leur connaît qu'une ambition : depuis plus de 10 ans, Takasaki et Tanabe réfléchissent au moyen de modifier l'amidon du maïs pour en extraire du sucre. Ayant vite obtenu des résultats encourageants, les deux hommes ont acquis une petite renommée au début des années 1960. Publiés dans des revues spécialisées telles que le *Kogyo Gijutsu-in* et le *Hakko Kyokaishi*, leurs travaux ont suscité un certain émoi outre-Pacifique. Le secteur agro-alimentaire américain, en particulier, avait d'emblée manifesté son intérêt : intérêt bien compréhensible, venant d'un pays où le maïs pousse comme de la mauvaise herbe.

Maîtrisant mal l'anglais, Tanabe et Tanasaki avaient surtout été frappés par le langage corporel de leurs interlocuteurs du Département de l'Agriculture à Washington. Impatients, voire fébriles, les Américains souhaitaient qu'on trouve très vite une solution. C'était sans compter sur le flegme typiquement japonais des deux compagnons, qui tiennent à profiter des premiers jours du printemps. Après la pause déjeuner (*oyakis* pour Yoshiyuki ; *umagis* pour Osamu), le couple a fait un détour en direction du square Sakura, qui porte mal son nom puisque, en ce début du mois d'avril, les cerisiers ne sont pas encore en fleurs. Tant mieux : ainsi les deux scientifiques pourront-ils se détendre un peu et échanger des confidences loin

des regards indiscrets. Parvenus au bord d'un petit étang, assis côte à côte sur la pelouse, leurs épaules se touchent presque quand ils partagent une cigarette parfumée au menthol :
— C'est le meilleur moment de la journée, chuchote Yoshiyuki de sa voix douce.
— Mmhh… répond Tanabe, réputé peu causant et dont la langue tente, mais sans succès, de déloger un résidu d'algue verte oblitérant l'espace compris entre deux molaires.

Yoshiyuki Takasaki et Osamu Tanabe furent les premiers à synthétiser du sucre à partir du maïs. Qu'il soit issu de la culture de la canne (*Saccharum officinarum*) ou de la betterave (*Beta vulgaris*), le sucre est un produit naturel, puisqu'aucun additif n'intervient dans sa composition. La méthode mise au point par les chercheurs japonais s'appuyait sur l'action d'une enzyme permettant de convertir le glucose en fructose : la glucose isomérase. Après quinze années de travaux vint la consécration : le 26 octobre 1971, Yoshiyuki et Osamu déposèrent leur brevet (numéro d'exploitation 3 616 221) auprès de l'administration américaine.

Le procédé rencontra d'emblée un immense succès. Aujourd'hui encore, le secteur agro-alimentaire recourt à la glucose isomérase pour synthétiser du sucre (glucose + fructose) à partir du maïs ; un exploit si l'on considère que ce végétal ne contient pas de fructose ! Ainsi naquit le sirop de maïs, un édulcorant créé en laboratoire et dont la popularité reposait sur plusieurs qualités vitales aux yeux des industriels : facile à stocker et à transporter, l'élixir artificiel mis au point par Takasaki et Tanabe était chimiquement stable, bon marché et soluble dans l'eau. Cerise sur le gâteau : on pouvait le produire aux États-Unis, et en quantité presque illimitée.

Blé, riz et maïs ; les graminées fournissent la base de notre alimentation. Des trois, c'est ce dernier qui a le plus profité des progrès technologiques comme les pesticides et les semences génétiquement modifiées. Rendements exceptionnels et bénéfices garantis grâce aux subsides gouvernementaux ; le maïs mérite bien son titre de roi des céréales. De nos jours, la production mondiale dépasse le milliard de tonnes dont trois cents millions proviennent des États-Unis, soit une tonne de maïs par habitant et par an. Pourtant, aucun être humain ne se risquerait à en manger le moindre épi : la majeure partie de la récolte sert à engraisser les animaux. En parallèle, cent millions de tonnes de maïs américain sont dévolues à la fabrication d'édulcorants, selon un processus en plusieurs étapes, qu'il convient de détailler ici.

Le broyage des grains permet tout d'abord d'isoler l'amidon du maïs. Dans un premier temps, cet amidon est transformé en un jus composé à 100% de glucose. L'enzyme développée par Takasaki et Tanabe entre en scène au deuxième acte : sous l'action de la glucose isomérase, on recueille un premier liquide constitué à 90% de fructose, imbuvable car beaucoup trop sucré. Pour obtenir un nectar propre à la consommation, on mélange dans un troisième temps ce sirop de fructose avec du sirop de glucose. Le cocktail disponible sur le marché contient 55% de fructose et 45% de glucose. À sa naissance, au milieu des années 1970, on le baptisa du nom de HFCS-55 (*High Fructose Corn Syrup*). Cette appellation fut son premier malheur.

Les denrées essentielles à la survie exigent un langage simple et compréhensible de tous, surtout des plus jeunes : des mots courts et faciles à prononcer de deux syllabes suffisent en général, quelle que soit la langue. Pain, soupe, eau, viande, riz, pomme, blé, soja, lait, thé, café, sel, sucre et maïs. Rassurants, ces termes évoquent les moments de bonheur passés autour de la table familiale. Ils désignent concrètement des nourritures terrestres qu'on a l'habitude de toucher, de humer et de goûter. Pour mériter leur nom, les aliments de confort doivent s'articuler sans effort.

Que penser alors d'une substance baptisée HFCS-55 ? L'expression ne recouvre rien de connu : on ignore sa forme, sa texture et son origine. Liquide ou solide ? Issu d'une céréale, certes, mais selon quel processus ? Et que signifie le chiffre 55 ? Problème : comment désigner un sucre qui n'existe pas dans la nature ? On songe au célèbre aphorisme de Gabriel Garcia Marquès : « Le monde était si récent que beaucoup de choses n'avaient pas encore de nom et, pour les mentionner, il fallait les montrer du doigt ». En ce qui concerne le HFCS-55, la méthode évoquée par l'auteur de *Cent ans de solitude* ne fonctionne pas ; ce type d'édulcorant ne trône pas sur les étals des supermarchés. L'industrie en est si peu fière qu'elle préfère taire sa présence. Dans les commerces comme dans les aliments, le HFCS-55 se goûte et s'apprécie, mais ne se voit pas. Un sucre caché.

Il était pourtant impératif de donner un nom simple et tangible à cet édulcorant, ne serait-ce que pour rassurer les consommateurs. L'appellation « sucre de maïs » (*corn sugar*) semblait faire l'unanimité, tout comme l'idée d'une grande campagne promotionnelle sur le thème : « Le sucre de maïs est le produit d'une agriculture traditionnelle. Il est naturel et se compose des mêmes éléments que le sucre de canne ou de betterave ; du glucose et du fructose, rien de plus ». Avec, en guise de conclusion, cette phrase choc :

! VOTRE CORPS NE FERA PAS LA DIFFÉRENCE !

Ce fut un tollé chez les cultivateurs de betterave : ceux-ci accusèrent les fabricants de sirop de publicité mensongère et de compétition déloyale. Ils exigèrent un milliard de dollars à titre de compensation. Cargill et Archer Daniels Midland, les deux compagnies visées par la plainte, contre-attaquèrent en estimant diffamatoires les propos de leurs adversaires : selon elles, le sirop de maïs n'était en rien responsable de l'épidémie d'obésité qui commençait à se propager aux États-Unis.

Il fallut attendre 2012 pour que l'agence de santé américaine, la redoutable Food and Drug Administration (FDA), désapprouve cette appellation, au prétexte que le sucre est par définition : « un aliment sec, solide, et cristallisé ». Le terme « sirop » faisant référence à un liquide, le terme pouvait induire le consommateur en erreur. Ce dernier s'y perd d'ailleurs, avec tous ces termes : dextrose, maltose, isoglucose, sucralose, xylitol, cyclamate, aspartame. Une soixantaine de dénominations sur les étiquettes des supermarchés, alors qu'il s'agit de la même molécule. Des bataillons d'avocats s'employaient à envenimer la procédure afin qu'elle dure. Plainte avait été déposée par les betteraviers près le Tribunal de District de Los Angeles en date du 22 avril 2011. Deux ans plus tard, le dossier atterrissait sur le bureau de la procureure Margareth Nagle ; à ce stade, il comptait un million de pages.

Les fabricants de sucre naturel accusaient le HFCS-55 d'être à l'origine de tous les maux de l'Amérique : obésité, diabète et hypertension, pour ne citer que les plus fréquents. Quant aux producteurs de maïs, ils n'en démordaient pas : le sucre, qu'il provienne de la canne ou de la betterave, faisait depuis longtemps des ravages dans la population. Caries, surpoids, hyperglycémie, goutte, affections cardio-vasculaires, etc. Bref, les deux parties s'accusaient mutuellement de mettre en danger la santé de leurs clients.

L'épopée judiciaire prit fin en novembre 2015, après quatre ans d'instruction. Les frères ennemis décidèrent de transiger et de se partager le marché de façon équitable ; un procès public ne serait pas bon pour les affaires. Match nul au tribunal, match nul aussi dans les estomacs : 30 kilos de sucre naturel et 30 kilos de sirop de maïs, voilà ce que consomme en moyenne le citoyen américain chaque année. Soit quatre à cinq tonnes de sucre ingurgitées durant une existence. Pendant ce temps, Cargill re-nonçait à l'appellation « sucre de maïs » pour s'en remettre aux astuces de ses équipes de marketing. Vu la mauvaise réputation du HFCS-55, mieux valait ne plus évoquer son nom. Il était pourtant impératif de mentionner sa présence sur les étiquettes. Le sirop inventé par Takasaki et Tanabe serait désormais baptisé : autre sucre.

*****

Pour enquêter sur cette mystérieuse substance, il faut louer une auto chez le concessionnaire Alamo situé au sous-sol de l'aéroport de Chicago : emprunter des petites routes mal entretenues pour rejoindre les banlieues industrielles de modestes agglomérations, à l'image de Cedar Rapids (Iowa), Eddywille (Ohio) ou encore Blair (Nebraska) : et surtout faire preuve de psychologie en interrogeant les ouvriers qui travaillent à la production du nectar. D'après eux, le sirop de maïs se présente sous forme d'un liquide visqueux et translucide : son pH de 4 lui donne un goût frais et une sucrosité agréable. Une sorte de miel incolore, reconnaissable à son odeur bizarre. Un parfum inédit et impossible à définir. « *A kind of weird smell* » était l'expression qui revenait le plus souvent dans la bouche de mes interlocuteurs.

À température ambiante, la substance conserve ses propriétés intactes pendant six mois. Cet édulcorant industriel, dont le prix oscille autour de 35 centimes le litre, voyage d'usine à usine en camions-citernes : les commandes, rarement inférieures à 20,000 litres, proviennent des différents acteurs du secteur agro-alimentaire. Le sirop de maïs n'est pas conçu pour le petit commerce. Il compte peu de clients individuels, à l'exception des apiculteurs. Dès les débuts de la production, les ouvriers s'étonnaient de subir les attaques répétées d'abeilles particulièrement agressives. La situation devenait plus délicate encore durant l'hiver, lorsque de gigantesques colonies se formaient aux alentours des usines. Affamées de miel, les abeilles se montraient belliqueuses ; leurs corps ne faisaient pas la différence. À tel point que les éleveurs choisirent bientôt le sirop de maïs pour répondre aux besoins de leurs protégées. Les producteurs du sirop esquissèrent à peine un haussement d'épaules : les ruches, pourquoi pas ? Pour eux, c'était juste un marché de niche.

Dans le petit commerce, le sirop de maïs se vend sous forme de jerrycans (12 litres), voire de containers (1200 litres, 999 euros TTC) permettant de subvenir aux besoins d'une centaine de ruches pendant la saison froide. Leader européen de matériel apicole depuis 1947, ICKO propose une offre somme toute limitée, puisque quatre produits phares se partagent les transactions : ApiStar, FructoPlus, MelliFlora et ApiTotal. Les avis des clients sont plutôt réservés quant à ce dernier. Ainsi, Armand N. ne lui attribue que 4 étoiles, déplorant : « une odeur bizarre qui rend les abeilles agressives ». ApiTotal (fructose 55% ; glucose 26% ; saccharose 15%) semblait pourtant cocher toutes les cases : comme la majorité de la gamme Dulcofruct, ce produit ne résulte-t-il pas d'un partenariat avec l'Université de Timisoara ?

Cela fait 40 ans qu'on s'inquiète du phénomène ; les abeilles disparaissent. Un jour, elles quittent la ruche et ne reviennent pas. Tout porte à croire qu'elles sont décédées. Les pesticides sont montrés du doigt, ainsi que le sirop de maïs. Dans le milieu, l'alimentation artificielle des insectes est un secret de polichinelle, comme le confie Philippe, apiculteur dans la Vienne. Beaucoup de ses collègues ont recours au fructose pour approvisionner leurs abeilles ; certains n'hé-

sitent pas à se faire livrer le sirop par semi-remorques. Philippe ne cache pas son désarroi :
—Je crains que, à force de nourrir les abeilles avec ce sucre artificiel, on ne modifie durablement leur façon de polliniser… J'ai parfois l'impression qu'on est en train de fabriquer des insectes éphémères.

Il est difficile de mesurer la consommation de sirop de maïs dans le monde : on l'a dit, elle atteint 30 kilos par personne et par an aux États-Unis, où toutes les boissons gazeuses sont édulcorées avec cette substance. Heureusement, les volumes sont moindres dans la plupart des pays européens : pour la Commission de Bruxelles, il s'agit avant tout de préserver les intérêts des producteurs de bet-terave. Sur le vieux continent, le sirop de maïs s'intitule « sirop de glucose-fructose », « sirop de fructose-glucose », voire « iso-glucose » comme en France. On le retrouve dans la plupart d'aliments in-dustriels, notamment les condiments en sauce, les céréales du petit déjeuner, les yaourts, les confiseries, les compotes et les glaces. Le problème est complexe : pour le résoudre, il faut s'armer de courage et d'un doctorat en biochimie, compte tenu de la complexité des termes. L'emploi d'une loupe s'avère obligatoire afin de déchiffrer les petits caractères sur les étiquettes. Mais même en procédant ainsi, la quantité de sirop de maïs contenue dans les denrées du quotidien demeure mystérieuse.

On connaît en revanche la valeur des échanges que génère la substance : 2,5 milliards de dollars par an aux États-Unis et le double probablement à l'échelle de la planète, soit 10 millions de tonnes de sirop de maïs. Le marché est dominé par deux multinationales cultivant aussi bien les céréales que la discrétion. En cela, les géants de l'agrobusiness ressemblent aux édulcorants de synthèse qu'ils commercialisent : tout le monde en a entendu parler, mais personne ne connaît leur véritable nature.

*****

La Firme est le premier fabricant de sirop de maïs du monde. Dans le domaine agro-alimentaire, cette multinationale basée à Minneapolis s'occupe de tout ; ce mastodonte silencieux et prospère dégage cinq milliards de dollars de bénéfices annuels. Agissant à la façon d'un intermédiaire entre les producteurs et la grande distribution, la Firme collabore avec les fermiers. Elle contrôle le commerce des engrais azotés et des semences : blé en Europe, maïs aux USA et soja en Amérique latine. La plupart de ces graines sont génétiquement modifiées pour accroître les rendements. La Firme fait l'acquisition des récoltes, les transporte, les transforme et les conserve dans ses propres silos et usines. Avec ses 166 000 employés, l'entreprise domine le marché de la nutrition des animaux : elle fournit en maïs et en soja les éleveurs de bétail et de volaille. Puis elle rachète cette viande, qu'elle revend ensuite dans 67 pays. Elle possède des unités de production capables de livrer du sirop de maïs à Coca-Cola, du bœuf haché à McDonald's et des nuggets de poulet à l'univers entier. La Firme compte bien nourrir l'humanité tout entière, mais le plus discrètement possible.

La Firme élabore, la Firme ramasse : ses 120 milliards de dollars de chiffre d'affaires en font la première société à capitaux privés. Elle a été élue « Pire compagnie au monde » en 2019 par Mighty Earth, une ONG environnementale qui, dans un exposé accablant, révèle l'impact de la multinationale sur notre écosystème alimentaire. Les auteurs du rapport montrent comment les géants de l'agrobusiness contrôlent la planète. Au Brésil, ils contribuent à la déforestation de l'Amazonie : même chose en Côte d'Ivoire, pays dont ils exploitent le cacao qu'ils distribuent ensuite aux fabricants de chocolat du Royaume-Uni. Ils rachètent au meilleur prix les céréales du Midwest pour ravitailler les élevages de volailles au Mexique : ils préparent, conditionnent et distribuent des tonnes de nuggets de dinde destinés à l'industrie du fast food. Et, en bout de chaîne, ils encouragent la consommation de ces petits pavés dont la taille est calculée pour tenir dans la main d'un enfant de 4 ans et dont le doré de la croûte, la douceur du goût et le moelleux de la texture doivent beaucoup aux travaux de Takasaki et Tanabe.

David, l'actuel PDG de la Firme, a accepté de nous rencontrer. Ce sexagénaire blond, sosie de l'acteur Didier Bourdon, exprime sans détour les ambitions de son entreprise :

– Notre but est de nourrir la planète. Nous prenons cette tâche très au sérieux, d'autant qu'elle s'annonce difficile : songez que, dans une vingtaine d'années, nous devrons subvenir aux besoins alimentaires de 9 milliards d'individus !

Selon David, le bilan de la compagnie est globalement positif : depuis quarante ans, la malnutrition ne cesse de reculer sur la Terre. Les denrées font l'objet de contrôles sanitaires rigoureux, si bien que les contaminations bactériennes sont devenues rares : et quand elles se produisent, elles sont vite jugulées. Les moyens mis en œuvre pour le stockage et la distribution de nourriture atteignent des niveaux d'organisation colossaux. Sensible aux craintes d'une jeunesse anxieuse, David revendique un idéal écologique. Mais peut-on vraiment lui faire confiance ? Car pour lui, la planète ressemblera toujours à une immense ruche dont la population croît inexorablement, tout comme les bénéfices de la société qu'il dirige.

En 2050, la Firme figurera toujours à la pointe du système agro-industriel mondial. Les moyens de transport seront plus rapides et de nouvelles technologies seront apparues, qui permettront de produire davantage de calories à des prix encore plus bas. Les prévisions du Révérend Malthus seront rangées aux oubliettes : les êtres humains mangeront à leur faim, certes, mais seront-ils pour autant en bonne santé ? Sauront-ils, mieux que les éphémères abeilles de la Vienne, résister aux pesticides et au sirop de maïs ? Il est difficile de prédire l'avenir, mais un fait semble acquis : pour la Firme, cela représentera un vaste marché de 9 milliards de cibles potentielles, à l'instar de Gennaro et Kevin.

À Puteaux le dimanche après-midi, les enseignes de restauration rapide accueillent une clientèle encore jeune, majoritairement masculine et souvent accompagnée d'enfants en âge préscolaire. Gennaro et Kevin ont remonté main dans la main l'avenue Jean-Jaurès pour enfin déjeuner en paix. Père et fils ont pris place côte à côte sur une banquette du rez-de-chaussée, dans un coin discret pour ne pas être dérangés. Alors qu'il savoure son milk-shake goût fraise, soudain, Gennaro n'a pas l'air bien : il contemple d'un regard las l'écran de son smartphone où s'affiche le texto tant redouté de son ex-femme, qui lui intime l'ordre

*de ne pas arriver en retard ce soir pour changer
C 18 hr pas 19 ni 20 comme la dernière fois
sinon demain j appelle l avocat et plus de garde
je pense que je suis claire Josette*

Gennaro ne prête plus qu'une attention distraite à son fils qui trépigne d'impatience devant son plat préféré. Entre les nuggets de poulet tant désirés et l'estomac de Kevin, un ultime obstacle se dresse : une boîte en carton aux couleurs arc-en-ciel, sur laquelle on lit : « *HAPPY MEAL* ».

*****

La commercialisation du sirop de maïs a coïncidé avec l'aggravation de l'embonpoint aux USA. Apparue sur le marché en 1984, la substance allait vite devenir l'édulcorant exclusif de toutes les boissons gazeuses. Depuis lors, le fructose constitue 10% des apports énergétiques des Américains, soit 60 grammes par jour. Il existe une forte corrélation entre la consommation de sirop de maïs et le surpoids, mais le lien de causalité reste difficile à établir avec certitude : l'obésité représente une affection multifactorielle dont l'incidence augmente partout, même là où le sirop de maïs est peu utilisé.

Sur un plan symbolique, le succès du sirop de maïs résume bien l'évolution de notre alimentation durant les quarante dernières années. Voici en effet un sucre artificiel qui n'apporte rien d'autre à l'organisme que des calories. Un pur produit de laboratoire, résultant de l'action de bactéries génétiquement modifiées sur du maïs génétiquement modifié : et dont l'acheteur, la plupart du temps, ignore l'existence. Édulcorant à la fois omniprésent et invisible, le sirop de maïs est distribué dans le monde entier par une poignée d'entre-prises supranationales ; les dirigeants de ces dernières prient pour que les corps ne fassent pas la différence et que les gens persistent à en consommer toujours plus, même si la nourriture ne leur procure qu'un plaisir éphémère.

Semblable à une cage de polycarbonate, la planète constitue un espace clos où, tel un rongeur, l'être humain semble dépourvu de choix. L'expérience n'a, hélas, plus guère d'intérêt : incliné vers le bas à la manière d'un pis, un seul récipient s'offre à ses lèvres. Les responsables du marketing en ont renouvelé le contenu, l'apparence et la taille : grâce aux engrais de Fritz Haber, le biberon a triplé de volume. Quant au comportement du cobaye, il est prévisible : affamé de sucre et de protéines, l'animal se lèche déjà les babines.

Le corps du mammifère s'est modifié : une épaisse couche de tissu adipeux tapisse les flancs de la bête qui peine à se mouvoir dans sa boîte. Des modifications internes, moins visibles mais plus graves, affectent son foie. Charles Zuker ayant quitté le plateau, d'autres protagonistes s'apprêtent à poursuivre l'expérience ; la prochaine étape consiste à perfectionner la composition du breuvage. Il faut s'assurer que la boisson procure un maximum d'émotions agréables : que l'existence des consommateurs se résume à une succession d'orgasmes gustatifs.

Et pour cela, mieux vaut faire appel à Howard.

LES COMPOSANTS DU SUCRE

Glucose ■   ▲ Fructose

SUCRE NATUREL

■——▲   Glucose + Fructose

SIROP DE MAÏS (HFCS-55)

■ ▲   Glucose (45%) / Fructose (55%)

4. BIG FOOD

Charles Zuker et Howard Moskowitz partagent la même passion : l'étude du sens du goût. Cependant, leurs méthodes et leurs objectifs divergent. Charles est un physiologiste qui décortique l'addiction au sucre dans le but de mieux la combattre ; ses travaux ont pour but de faire progresser la science. Howard a choisi la voie inverse : en tant que neuropsychologue, il s'intéresse au comportement des êtres humains et marchande ses compétences auprès de l'industrie agro-alimentaire. Renforcer les mécanismes d'accoutumance : telle est sa vocation. Faire en sorte que le consommateur finisse son assiette et en redemande : telle est sa profession. Manger plus pour jouir plus : tel est son credo.

Le tube digestif déroule son anatomie à la façon d'une autoroute : hormis quelques sphincters, le transit ne rencontre aucun obstacle majeur. Le seul véritable péage se situe au niveau de la bouche : telle une concierge d'immeuble filtrant les entrées, la langue agit comme un organe de contrôle placé dans un endroit stratégique. Sa mission consiste à enregistrer les saveurs au moyen de récepteurs spécialisés, puis de transmettre ces informations au système nerveux central. Depuis la nuit des temps, ce mécanisme a protégé efficacement l'être humain des toxiques présents dans la nature : grâce à lui, tout aliment impropre à la consommation est rapidement identifié comme tel, puis recraché. Le cerveau mémorise le goût et l'odeur des substances dangereuses de façon à ce que l'incident ne se reproduise plus. Hélas, la langue échoue à reconnaître la nature vénéneuse du sucre.

Cet échange de renseignement entre le cerveau et la cavité buccale revêt une importance capitale pour les industriels ; il conditionne en effet le comportement du client ainsi que la fidélité de ses choix en matière de nourriture. Toutes les études montrent que les gens achètent un produit en privilégiant d'abord son goût, puis son coût. Pourquoi préfère-t-on ingurgiter tel aliment plutôt qu'un autre ? Question simple en apparence, mais à laquelle personne, jusqu'au début des années 1970, n'avait tenté de répondre. Mais ça, c'était avant Howard.

Au Vietnam, la guerre faisait rage : l'armée américaine n'en menait pas large, tandis que l'économie montrait des signes de faiblesse. À l'instar des autorités militaires, les dirigeants du secteur agro-alimentaire multipliaient les erreurs stratégiques ; on mettait en vente de nouveaux produits mal adaptés aux goûts de la population et qui tardaient à s'imposer dans un marché déjà saturé. Confrontés à ce genre d'échec, les fabricants n'avaient plus qu'une option : faire appel à un petit bonhomme bedonnant, débonnaire et charmant, diplômé de Harvard et nommé Howard.

À sa sortie de l'université, Moskowitz n'avait pas eu d'autre choix que de mettre ses talents au service de l'armée. L'état-major militaire s'inquiétait du manque d'appétit des conscrits ; lassés d'avaler une bouillie insipide, les soldats américains se désintéressaient des repas et ne terminaient jamais leurs rations. Or, le dégoût des aliments constitue un symptôme précoce qui précède la résignation en plat principal et s'achève par la défaite au dessert. Il incombait à Howard de réveiller la voracité des combattants, car une recrue qui se nourrit mal ne fait pas long feu face aux Vietcongs. Sceptique au départ, le jeune diplômé finit par se passionner pour le sujet et découvrir sa vocation en élaborant la recette miracle. Moskowitz n'avait plus qu'une ambition : faire en sorte que les civils, eux aussi, mangent davantage.

Howard faisait figure de pionnier alors que sa méthode ne présentait rien de sorcier : il s'agissait simplement de varier les dosages des différents ingrédients d'un produit, avant de soumettre la centaine d'échantillons ainsi obtenue au verdict d'un panel de consommateurs. Le reste était une question de mathématiques, son autre domaine de prédilection. En 1974, Moskowitz voulut quantifier le lien entre la concentration en sucre d'un aliment et le ressenti du client. Une relation aisément traduisible en équation ; ce n'était, après tout, qu'un système à deux composants. D'un côté, la langue avec ses récepteurs gustatifs qui enregistrent la nature physico-chimique des denrées ; de l'autre, le cerveau chargé de traiter cette information et de la juger agréable ou non.

Grâce à Charles Zucker, on sait pourquoi les mammifères aiment tant le sucre : quand on leur donne le choix entre deux biberons, les rats de laboratoire tètent d'abord celui qui contient du glucose et les êtres humains agissent de même. Mais comment réagissent ces derniers lorsque la concentration de sucre augmente ? Au début, la corrélation apparaît linéaire : plus la boisson est sucrée, plus son goût est jugé agréable. La jouissance s'efface à l'instant où l'on franchit un seuil bien défini : l'expérience gustative, d'un coup, s'avère pénible. Considérant le breuvage comme trop sucré, les cobayes commencent par grimacer, puis refusent le verre qu'on leur offre. Au-delà d'une certaine quantité de sucre, la solution devient imbuvable.

Moskowitz fut le premier à se passionner pour ce point de bascule, cet apogée, cette acmé, ce moment où l'orgasme gustatif survient, juste avant que le plaisir ne retombe : ce bliss point traduisant la concentration idéale de sucre dans un aliment. Howard parvint à quantifier très précisément la concentration parfaite : 1.0 môle de glucose par litre, soit 18% du poids du produit. Une valeur qui fait figure de référence partout où l'on fabrique de la nourriture industrielle.

Ces recherches amenèrent Howard à effectuer une découverte capitale : il est exceptionnel qu'un même produit plaise à tout le monde. Prenez le cas des cornichons ; certains les aiment plutôt croquants, d'autres les préfèrent bien vinaigrés ou moins salés. À la question des penchants individuels, on se devait d'apporter une réponse industrielle : ce fut la segmentation horizontale du marché. Proposer non pas un, mais trois types de cornichons afin de satisfaire les désirs du plus grand nombre de consommateurs ; ceci explique la prolifération de ces mastodontes de béton et de verre en périphérie des agglomérations et qui regorgent de denrées en tous genres. Les hypermarchés modernes distribuent plus de 50 000 références alimentaires ; ainsi, la marque de soda Dr Pepper décline-t-elle désormais sa production en une gamme de 23 saveurs parmi lesquelles on retrouve la cardamome, le genièvre et la coriandre. Aucune de ces préparations originales ne parvient pourtant à concurrencer la boisson-phare de la collection : le Dr Pepper au goût vanille-cerise, création exclusive de Moskowitz, bien sûr.

Mi-génie, mi-démon, Howard incarne un personnage aux multiples facettes. D'un côté, il y a le bon professeur Moskowitz, brillant chercheur et auteur prolixe d'une centaine d'articles scientifiques fort divertissants. On ne peut s'empêcher de sourire en relisant ces petits chefs-d'œuvre d'ironie légère que sont : « Une Pizza au Profil Particulier » (2012) ; « À la Poursuite de la Pêche Parfaite » (2015) ; et mon préféré, intitulé : « Les Préférences Alimentaires des Para-Militaires » (1977).

Lorsqu'on lui reproche d'avoir contribué à l'épidémie d'obésité, Howard reste de marbre :
– Pour moi, vous savez, ça n'a jamais été une question de bien ou de mal. Mettez-vous à ma place : dans ces années-là, il n'était pas commode de gagner sa vie. Je ne pouvais pas me payer le luxe de considérations morales. Il se trouve que j'étais en avance sur mon temps. Mon but était de conduire les meilleures expériences possibles. Ainsi ai-je pu perfectionner les pizzas, corriger les cornichons, améliorer le ketchup... Si vous saviez le nombre de choses que j'ai réalisées dans ma vie... Dans ce domaine, je peux l'affirmer sans fausse modestie : c'est moi qui ai tout inventé.

La face sombre du personnage émerge dès l'instant où l'on aborde la question financière : Mister Howard apparaît alors sous un autre jour, celui d'un mauvais génie aux terribles pouvoirs, capable de transformer les individus en marionnettes dont on connaît par cœur les goûts et les préférences. En trompant la vigilance de la langue et en profitant des faiblesses du cerveau, Howard permet à la nourriture de franchir le péage de la bouche. Ainsi procure-t-il aux géants de l'agrobusiness le code secret donnant libre accès aux estomacs des habitants de la planète. Dès lors, l'issue du combat ne fait aucun doute : avec Howard aux commandes, l'espoir de manger moins devient de plus en plus mince.

*****

Faire trois repas quotidiens, tel est notre destin. 2 500 calories essentielles à la survie et que nous fournissent divers aliments. Ceux-ci sont conçus, préparés puis distribués par une vingtaine de multinationales dont le métier consiste à transformer les richesses de l'agriculture en nourriture industrielle. Ces différentes sociétés

(Nestlé, PepsiCo, Unilever, Mars, Danone, General Mills) se partagent six principaux domaines d'activité : 1) viande et poisson ; 2) fruits et légumes ; 3) céréales (pains, pâtes et pâtisseries) ; 4) huiles et condiments ; 5) produits laitiers ; et 6) boissons. Rien qu'en France, la branche agro-alimentaire emploie 600 000 salariés et réalise un chiffre d'affaires annuel de 185 milliards d'euros : le secteur ne compte pas pour du beurre.

Son développement s'est beaucoup accéléré durant la deuxième moitié du XXe siècle. Les progrès de l'aviation et du fret maritime ont facilité le transport des marchandises. La suppression des droits de douane a permis la libre circulation des denrées sur l'ensemble de la planète ; les découvertes de la biochimie ont rendu possible la production en masse d'aliments à longue durée de conservation. Car il s'agit désormais de nourrir le monde entier alors que la population ne cesse de croître, tout comme la demande en calories. Fort de toutes ces améliorations, le commerce agro-alimentaire se porte bien, avec un chiffre d'affaires en progression de 3 % par an ; plus personne ici-bas ne saurait échapper au pouvoir colossal de Big Food.

En privé, pourtant, les principaux dirigeants du secteur avouent leur inquiétude, car des voix discordantes se font entendre au sein de la société civile : des lanceurs d'alerte expriment leur colère sur les réseaux sociaux. Les journalistes critiquent des stratégies de marketing destinées aux enfants, qu'on aurait préféré garder secrètes. L'opinion publique accuse les multinationales de propager l'épidémie d'obésité en favorisant la consommation abusive de sucre et d'aliments ultra-transformés. Nul besoin d'être médecin pour établir le diagnostic : l'excès de poids se voit comme le nez au milieu de la figure. Ce fait se vérifie chaque jour, aussi bien dans la rue qu'au bord de l'eau : on est trop gros. On mange trop.

Comment expliquer ce phénomène ? Question complexe. On sollicite l'avis des experts ; or, ces éminents docteurs dont on brûle de connaître l'opinion collaborent parfois avec l'industrie agro-alimentaire. Personne ne peut résister éternellement à la tentation de l'argent facile. Sur ce point, les élites médicales ne font pas exception : on a parfois l'impression que la Science toute entière est à vendre.

La bataille de l'information se gagne en identifiant d'abord les individus dont l'avis compte ; le choix se porte en général sur des chercheurs qui, arrivés au crépuscule d'une belle carrière universitaire, jouissent d'une réputation académique sans tache. À ces oiseaux rares, l'industrie décerne un titre intraduisible : KOL, pour *Key Opinion Leaders*. Nul ne saurait mieux défendre les intérêts de Big Food que ces savants auxquels le grand public prête toutes les compétences. Quelle illusion ! Ayant revêtu ses habits de proxénète, la Pieuvre a étendu son emprise sur les institutions universitaires. Ces dernières ressemblent désormais à des maisons de tolérance où de dignes sexagénaires en blouse blanche s'exercent à la pratique d'une activité millénaire.

Au Royaume-Uni, le plus célèbre KOL en matière de diabète est le professeur Malcolm K., détenteur de la chaire de Physiologie du Métabolisme à l'Université de Nottingham. Malcolm se présente sous les traits et l'allure du parfait gentleman anglais ; tout en lui respire le charme, l'élégance et la distinction. On imagine que le professeur K. mène une existence dorée, qu'il fréquente les clubs les plus huppés de la capitale et qu'il s'occupe l'été à rénover son manoir en Écosse. Mais Malcolm, le public l'ignore, ne roule pas sur l'or. Après 30 ans d'intense labeur au sein du National Health Service, son salaire émarge à 5 000 euros mensuels. Une somme confortable, mais qui ne fera jamais de lui un homme riche. Dès lors, comment lui reprocher son désir de collaborer avec les fabricants de chocolat ?

Bien que malmenés par leur hiérarchie et insuffisamment payés, beaucoup d'universitaires souhaitent rester fidèles au service public, ne serait-ce que pour poursuivre leurs recherches : mais cela aussi coûte cher et le monde académique manque d'argent. Le professeur K. et ses collègues ont résolu le problème en développant des partenariats public-privé : ainsi, l'industrie finance-t-elle leurs travaux. Une habile stratégie qui permet à l'administration de réaliser des économies et aux médecins d'améliorer leurs revenus : quant à la Faculté, elle peut se réjouir à moindres frais de la vigueur intellectuelle du corps enseignant. Que d'hypocrisie ! Car chacun sait que la contribution d'une multinationale ne s'apparente pas à du bénévolat et que ses dirigeants attendent un retour sur leur investissement. Jamais mentionnée dans les contrats, la clause demeure présente dans toutes les têtes ; les scientifiques s'engagent à relativiser tout résultat contraire aux intérêts du sponsor de l'étude.

Au début, cela ressemble en effet à une simple relation de travail : la compagnie Mars (qui, outre la barre homonyme, produit M&Ms, Maltesers, Milky Way, Snickers, Twix et Bounty) souhaite démontrer que le cacao stimule la circulation du sang dans le cerveau. Si cela se vérifiait, on pourrait affirmer que le chocolat protège de la maladie d'Alzheimer. Projet absurde et reposant sur une hypothèse farfelue, mais qu'importe : Mars paye tout. En échange, la compagnie a proposé de soutenir financièrement le fonds de recherche de l'Université. Il n'y a là rien d'illégal et tout se passe de manière transparente. Pourtant, ce type de partenariat pose problème, car tous les travaux menés de cette façon fournissent des résultats favorables à celui qui finance l'opération ; lorsque les données ne vont pas dans le bon sens, l'analyse finit à la poubelle. Insidieusement, un partenariat scientifique s'est transformé en un projet commercial.

Qu'on ne se méprenne pas : à l'instar d'une majorité de ses collègues, Malcolm tient à préserver sa réputation de chercheur scrupuleux dont les activités s'inscrivent dans un cadre légal. Hélas, cette rigueur n'est pas partagée par tous : d'autres scientifiques moins scrupuleux ont franchi la ligne jaune. Certains ont été condamnés pour prise illégale d'intérêt : si bien qu'aujourd'hui, des règles très strictes obligent les médecins à rendre publics leurs liens financiers avec les industriels. Dans le cas présent, cela donne :

« ***Déclaration de conflit d'intérêts :*** Malcolm K. est membre du Comité consultatif scientifique du Gouvernement britannique, dont il préside le groupe de travail "Hydrates de Carbone et Santé" ; il est Trésorier de la fédération des Sociétés européennes de Nutrition ; trésorier de la fédération mondiale de l'Obésité ; membre du Conseil Scientifique de la Société Mars ; membre du Comité nutritionnel de Mars ; conseiller scientifique auprès du Centre Waltham pour la Nutrition des Animaux domestiques ; il a reçu une aide financière du gouvernement britannique pour conduire un projet de recherche initié par la Société Mars. Il est aussi à la tête d'un partenariat de recherche stratégique entre l'Université de Nottingham et Unilever ;

il conseille le Centre Nestlé de Recherche sur la Nutrition et la Santé ; il siège au sein du Comité exécutif pour l'alimentation et la santé chez IKEA. Il co-dirige le groupe de travail "Hydrates de Carbone" pour ILSI. » (*European Journal of Nutrition 2016;55:S17*).

Le professeur K. semble transparent lorsqu'il détaille ses multiples partenariats avec l'industrie agro-alimentaire. On le félicite en particulier pour sa contribution au bien-être des animaux domestiques, bien qu'on doute de ses compétences vétérinaires ; mais tout s'éclaire quand on apprend que le Centre Waltham appartient à la Compagnie Mars. Il en va des déclarations d'intérêts comme des contrats d'assurance ; les choses vraiment importantes sont rédigées en petits caractères et reléguées en bas de page, la plupart du temps sous forme d'obscures abréviations. Le diable réside dans les détails ou, plus exactement, dans un terme anodin en apparence, mais qui masque une réalité fort inquiétante : ILSI.

Derrière ces quatre lettres se cache un puissant groupe de pression : l'*International Life Science Institute*. Basée à Washington et bénéficiant du soutien financier des géants de l'agrobusiness (Danone, PepsiCo, Nestlé, General Mills, Monsanto et Coca-Cola), cette organisation ne poursuit qu'un seul but : empêcher les gouvernements de prendre des décisions contraires aux intérêts de la corporation.

Tout au long de ses quarante années d'existence, ILSI n'a pas chômé : dans les années 1980, cet institut avait financé les activités d'éminents pneumologues qui contestèrent en dépit du bon sens le rôle du tabac dans le cancer du poumon. Plus récemment, le vice-président de sa filiale européenne a supervisé les études ayant conclu à l'innocuité du glyphosate. Disculper Philip Morris, innocenter Monsanto, se féliciter des vertus des pesticides : voilà le travail des dirigeants d'ILSI. Leurs compétences dans ce domaine sont reconnues ; l'histoire l'a prouvé à maintes reprises.

De nos jours, ce n'est plus l'usage du tabac qui accapare l'attention de l'OMS, mais la consommation excessive de boissons sucrées. Les collaborateurs d'ILSI n'ont pas tardé à réagir en citant des études récentes leur permettant d'affirmer sans rire que : « Le lien de causalité entre le sucre, le diabète et l'obésité reste un sujet de controverses ».

Par chance, les informations circulent mieux et ILSI a de plus en plus de peine à masquer sa véritable raison d'être ; la protection, quoiqu'il en coûte, des intérêts des fabricants de sodas. Nestlé et Mars ont quitté le navire en 2019, tandis que Malcolm K. figure toujours sur la liste de ceux qui profitent des largesses de cette organisation de l'ombre. Le diabétologue possède plusieurs flèches à son arc : en tant que « Membre du Comité consultatif scientifique du Gouvernement britannique », il appartient au petit groupe de cinq à six personnes que les autorités interrogent lorsqu'il s'agit de lutter contre l'obésité et le diabète. Malcolm K. est un caméléon qui passe sans difficulté d'une fonction à l'autre. Après avoir dîné avec les responsables de la politique sanitaire du Royaume-Uni, il se rue très excité dans la chambre à coucher, où l'attend son Maître qui est aussi son client et qui le rétribue si grassement.

Quand on l'interroge sur sa collaboration avec les fabricants de chocolats, le scientifique fait justement remarquer aux journalistes que ce type d'alliance ne présente rien d'illégal ni de répréhensible. Malcolm n'y voit aucune contradiction, pour autant qu'on respecte scrupuleusement son devoir de transparence :

— Je n'ai jamais caché mes liens d'intérêts avec Mars, Coca-Cola et Unilever, car je pense que ces sociétés prennent le problème du diabète et du surpoids très au sérieux et qu'elles souhaitent profiter de mes conseils afin de contribuer de manière positive au débat. En outre, l'épidémie d'obésité résulte d'une combinaison de multiples facteurs ; il serait faux d'en imputer la faute aux seules boissons sucrées et aux confiseries. Croyez-moi, retirer telle ou telle denrée de la vente ne permettrait pas de résoudre la crise. Et je sais de quoi je parle ; cela fait bientôt 30 ans que je suis dans ce business !

Malcolm rêve désormais d'une carrière politique. Quelle magnifique revanche pour celui qui n'était jadis qu'un obscur médecin établi dans une petite ville du centre de l'Angleterre ! Il en a fait du chemin depuis : grâce à la Science, il s'est constitué un réseau de gens influents à Washington comme à Londres, qu'il compte bien utiliser dans un futur proche. En effet, l'actuel ministre de la Santé n'a pas donné entière satisfaction durant l'épidémie de la COVID-19 : pour

ILSI, pour Mars ainsi que pour Unilever, Malcolm apparaît comme le meilleur candidat à sa succession.

*****

À l'instar de la Mafia, Big Food compte peu de véritables ennemis : il faut beaucoup de courage pour s'opposer aux desseins d'une organisation qui emploie des millions de travailleurs. Au sein de ces multinationales de l'agro-alimentaire, la discrétion est de rigueur : les anciens collaborateurs se contentent de critiquer à mots couverts les méthodes utilisées, tout en éloignant leurs propres enfants des produits qu'ils ont contribué à promouvoir auprès d'une population moins bien renseignée.

Le droit à l'information : c'est bien pour cela que Marion Nestle (le « e » final ne se prononce pas et c'est bien la seule chose qui demeure muette chez elle) se bat. Diplômée en santé publique et en nutrition, l'octogénaire à la tignasse argentée apparaît comme le prototype de l'intellectuelle de gauche made in USA ; elle incarne aussi et surtout le cauchemar de Big Food. Marion Nestle est une activiste qui martèle que le choix de la nourriture représente un acte citoyen : « On vote avec sa fourchette », a-t-elle coutume de dire et elle joint tous les jours le geste à la parole. Grâce à elle, Berkeley est devenue, en mars 2015, la première juridiction des États-Unis à imposer une taxe sur les boissons sucrées.

Marion Nestle considère que sa politique alimentaire résume toute l'action d'un gouvernement : la nutrition n'est-elle pas la conséquence d'un ensemble de décisions prises dans les domaines de l'agriculture, de l'industrie, du commerce et de la santé publique ? Selon elle, l'agrobusiness ne devrait pas se contenter de faire des bénéfices, mais aussi se soucier du bien-être de la population. En attendant que ce vœu pieux se réalise, Marion continue à dénoncer sans relâche les tentatives de désinformation, ainsi que les pseudo-études faisant l'apologie de mets prétendument sains, mais qui contribuent à aggraver l'épidémie d'obésité : les céréales du petit déjeuner, les boissons gazeuses, les jus de fruits et les aliments transformés constituent ses cibles de prédilection. Elle accuse les grandes entreprises de vouloir contrôler l'ensemble de la chaîne de production et d'encourager la surconsommation ; bref, Marion n'aime pas Big Food et Big Food le lui rend bien. Les industriels de l'agro-alimentaire voient en elle une menace pour leurs intérêts : aussi, n'hésitent-ils pas à payer des espions qui enregistrent ses déclarations lors des conférences qu'elle donne aux quatre coins du globe.

L'activisme de Madame Nestle a porté ses fruits : aux USA, berceau du soda, la vente des boissons sucrées a baissé de 25% depuis le début du siècle. Après avoir atteint son pic en 1999 (200 litres par personne et par an), la consommation a lentement décliné pour se stabiliser à 144 litres aujourd'hui. Marion se vante d'avoir contribué à l'éducation de ses compatriotes : elle observe que les mentalités évoluent et que les Américains se montrent désormais plus exigeants en matière d'alimentation. Pour autant, notre héroïne s'abstient de tout triomphalisme ; elle redoute que les géants de l'agrobusiness ne concentrent leurs efforts sur les pays du tiers-monde, ces contrées au potentiel immense et où, sous le contrôle de gouvernements plus malléables, réside une population moins bien informée.

Pour Big Food, les pires ennemis proviennent de l'intérieur. Certes, les repentis sont rares : on ne brise pas impunément l'omerta. Mais ceux qui ont décidé de franchir le cap, à l'instar de Bruce Bradley, connaissent par cœur les méthodes de ces organisations ; de 1991 à 2009, Bruce fut le principal responsable du marketing au sein d'entreprises telles que General Mills (céréales), et Nabisco (confiseries). Aujourd'hui retraité, il n'a pas de mots assez durs pour condamner leurs stratégies commerciales, surtout quand elles ciblent les enfants. Son témoignage est accablant, car contrairement à Howard, Bradley considère d'abord son engagement sous un angle moral :

– Lorsque j'ai commencé à travailler pour Big Food, l'obésité ne faisait pas encore les gros titres. Sincèrement, je ne voyais rien de mal à promouvoir des sucreries : mais dix ans plus tard, alors que le surpoids et le diabète sont devenus des problèmes même pour les jeunes, j'ai craqué et j'ai démissionné... Trop de mensonges... (*il soupire*) Je ne voulais pas transmettre cet héritage à mes mômes.

Bradley connaît bien la puissance de ces formidables machines à profit, ce qui ne l'incite guère à l'optimisme :

– Honnêtement, vu les techniques de marketing mises en œuvre, j'ai peur que la partie ne soit perdue d'avance : les enfants en particulier n'auront aucune chance. L'industrie dépense des fortunes pour deviner les désirs et les goûts des consommateurs. Ils ont même recours à des psychologues. Je me souviens d'un type qui m'avait beaucoup impressionné : on faisait appel à lui en cas de problème... Un véritable génie dans son domaine, mais dont le nom m'échappe... Mankiewicz ? Mikulicz ??

La discussion se poursuit : on aborde la question du rôle des autorités et des mesures à adopter dans la lutte contre l'obésité et le diabète. Serait-il envisageable de modifier la législation afin d'interdire la vente de boissons sucrées aux enfants ? Bruce, sur ce point, ne se berce guère d'illusions :

– Big Food dépensera des millions de dollars pour financer des groupes de pression, des leaders d'opinion et des scientifiques qui empêcheront ce type d'action. Ils sont forts, je vous assure... très forts... Avant d'ajouter, en guise de conclusion :

– Le but de ces grandes compagnies est de générer des profits. Elles n'obéissent qu'à un seul maître : Wall Street. La santé de leurs clients n'a jamais fait partie de leurs préoccupations.

*****

La nourriture industrielle est l'aboutissement d'un siècle de progrès technologiques et de découvertes agricoles : vu les changements intervenus dans ce domaine, le terme de révolution métabolique ne semble pas exagéré. La surproduction de céréales, donc de calories, grâce aux engrais azotés ; la part toujours plus grande du sucre dans l'alimentation ; le recours croissant aux édulcorants de synthèse riches en fructose ; la mise au point de techniques de marketing sophistiquées afin d'encourager la consommation ; le pouvoir des multinationales de l'agrobusiness dans le commerce mondialisé de denrées ultra-transformées ; sans oublier la corruption organisée de ceux qui seraient censés protéger la population. Tels sont les facteurs expliquant la fulgurante progression de l'obésité au cours des quatre dernières décennies.

Mais après avoir décrit les causes et identifié les bénéficiaires de l'épidémie, il convient d'en évoquer les conséquences. Intéressons-nous aux perdants.

DEUXIÈME PARTIE

SOCIÉTÉ du SURPOIDS

Gina, 275 Kilos, Ex-Star de la Téléréalité est Morte à 30 ans
Gina avait confié ne jamais s'être vraiment remise des abus sexuels dont elle avait été victime de la part de son père et se « consoler » en mangeant plus que de raison.

20 Minutes, 7 Août 2021

5. NASH

C'était avant que la vague *#metoo* ne l'emporte et anéantisse ses rêves de gloire ; nous sommes en mars 2015 et Pierre Ménès fait encore figure de poids lourd au sein du petit monde des journalistes sportifs français. Son compte Twitter, riche de 2 millions d'abonnés, témoigne d'une popularité bâtie sur le parler-vrai : n'a-t-il pas hésité à qualifier de « purge dégueulasse » un certain Nantes-Bordeaux conclu sur le score de 0-0, alors que la presse dominicale se contentait d'évoquer « un match nul dans tous les sens du terme » ? Le métier de Pierrot comporte pourtant un inconvénient de taille : les rencontres sont pour la plupart sans intérêt. De toute façon, Pierre Ménès ne se déplace plus ; en privé, il admet « en avoir soupé des stades ». Il préfère rester chez lui, confortablement allongé sur son canapé, pour analyser 5 à 6 matches de football par semaine. Ainsi somnole-t-il, 600 heures par an, seul devant son écran Samsung Ultra HD Smart 165 cm dont il a coupé le son ; une vie de rêve qui fait beaucoup de jaloux, mais notre héros n'en a cure. Il a tort.

Pierrot appartient à la catégorie des gros mangeurs : au restaurant, il consomme la pizza en entrée et privilégie les spaghettis carbonara en plat principal. Et puisqu'il a encore faim et que c'est lundi, pourquoi se priver de son dessert préféré ? En quittant la trattoria, le journaliste accepte l'offrande du patron : un cigare cubain dont les arômes corpulents embaument l'habitacle de sa Porsche Cayenne, tandis que les 510 chevaux du moteur V8 le propulsent vers son prochain rendez-vous : les représentants d'une entreprise suédoise de paris sportifs souhaitent prolonger son contrat pour une durée de trois ans, moyennant une substantielle augmentation de salaire. Il y a des jours comme ça, où la vie ressemble à une assiette de profiteroles au chocolat.

Trois mois plus tard, Ménès passe le week-end à La Baule chez sa mère, Marie-Claire. Notre héros l'ignore, mais son existence est proche de basculer. Pour quelques heures encore il peut se considérer comme une personne en bonne santé, malgré son obésité morbide ; Pierrot pèse en effet 160 kilos pour 183 cm, soit un indice de masse corporelle (IMC) égal à 47. Ce qui ne l'empêche pas de mener une vie normale, plutôt active même, si l'on en juge par ses nombreux contrats de consultant, ses apparitions du dimanche soir sur Canal Plus, les siestes avec sa compagne Mélissa et les parties de tennis bihebdomadaires. Bref, ce talentueux journaliste s'est imposé au fil des ans et à force de travail comme une personnalité incontournable du paysage audiovisuel français. Dans ce milieu très festif, Pierre Ménès fait pourtant figure d'exception sur un point : il ne boit pas d'alcool, pas même une goutte. Pas étonnant donc qu'il ignore, alors qu'il monte se coucher en ce vendredi 3 juillet, que la cirrhose a détruit son foie.

Vomir son goûter constitue un évènement désagréable certes, mais dont on se remet. Vomir 2 litres de sang représente un symptôme grave, annonciateur de mauvaises nouvelles. Ayant découvert son fils inconscient au milieu de la nuit, Marie-Claire a composé le 15 sans tarder. Dès leur arrivée sur place, les médecins ont posé le diagnostic : hémorragie digestive massive avec état de choc. Un transfert aux soins intensifs de l'hôpital de Saint-Nazaire s'imposait, mais après plusieurs tentatives, les secouristes ont dû se rendre à l'évidence : Pierrot pèse trop lourd pour qu'on puisse le hisser sur un brancard et l'évacuer par les escaliers. L'équipe médicale doit confier cette tâche aux pompiers : ces derniers décident alors d'utiliser un monte-charge afin d'extraire le malade par la fenêtre des WC du premier étage.

Allongé dans la nacelle, Pierre a repris connaissance ; il flotte en apesanteur dans l'air frais du petit matin normand, une perfusion de sérum physiologique plantée dans le bras droit, tout en s'étonnant de l'extraordinaire agitation qui règne en contrebas. Une vingtaine d'infirmières, de secouristes et de médecins s'affaire dans le jardin, où Marie-Claire sanglote, inquiète à la fois pour la santé de son fils et l'intégrité des hortensias. Les habitants du quartier assistent en pyjama au spectacle de l'évacuation aérienne. Celle-ci s'avère un succès, si bien que, parmi la foule des curieux massés dans les ruelles adjacentes, certains ne peuvent s'empêcher d'applaudir. Quant à Pierrot, il se balance ainsi dans le vide, des étoiles pleins les yeux. Il a honte d'être gros : ça aussi, c'est nouveau.

Grâce aux compétences du personnel de l'hôpital de Saint-Nazaire, le journaliste fut très vite sorti d'affaire. Les examens révélèrent la cause de l'hémorragie : rupture de varices œsophagiennes secondaires à une cirrhose du foie. Du classique. Le Dr Hadengue, chef du service de gastro-entérologie, souhaitait discuter de ce diagnostic avec le patient et sa compagne : on convint d'une entrevue jeudi matin, avant le séminaire hebdomadaire du docteur au golf de Guérande. Pour l'occasion, le praticien a troqué son complet Smalto demi-mesure pour une tenue Under Armour moulante mettant mieux en valeur la biomasse de son bas-ventre. C'est du moins l'avis de Mélissa, qui ne peut s'empêcher d'apprécier en connaisseuse, alors que la consultation débute :

– Mr Ménès, veuillez excuser ma franchise, mais j'ai soigné nombre de vos confrères et je connais bien les aléas de votre métier ; j'imagine que vous consommez beaucoup d'alcool, n'est-ce pas ?

Le sang caribéen de Mélissa ne fait qu'un tour. Elle proteste avec vigueur :

– Ah ! ça non, Doutor ! Mon Pierrot, il a plein de défauts. Par exemple, les Pépitos : je lui dis toujours qu'il mange trop. Mais il ne boit pas ; il déteste ça. Hein, que tu n'aimes pas ça, mi amor ?

– Docteur, je vous le jure, sur la tête de ma mère… Jamais d'alcool ! Pas une goutte.

Le gastro-entérologue fronce les sourcils et lève la main droite en signe d'apaisement :

– Allons, allons, cher Monsieur… Loin de moi l'idée…

Hadengue se racle la gorge, cherche ses mots, hésite un peu. Jusqu'en 2005, ça ne faisait pas un pli : l'alcool était responsable de l'immense majorité des cirrhoses. Mais depuis une dizaine d'années, il rencontre de plus en plus de patients comme Pierre Ménès ; des gros mangeurs, qui ne boivent pas et dont le foie a été détruit par le sucre. Le médecin consulte discrètement sa montre (il a rendez-vous dans 45 minutes au practice), avant de conclure l'entretien :

– Alors, c'est bien ce que je pensais ; monsieur Ménès, vous avez un NASH.

Le NASH (pour *Non-Alcoholic Steato-Hepatitis*) reproduit chez l'obèse des temps modernes l'expérience réalisée depuis l'Antiquité sur les oies et les canards : suralimenter l'animal pour engraisser son foie. Pour cela, les Romains avaient recours aux figues séchées, riches en fructose. Dans le cas des volatiles, la méthode exige la contrainte, mais sur une courte durée : 3 semaines suffisent à obtenir une belle stéatose. En comparaison, le gavage des êtres humains représente une opération plus longue et plus complexe qui requiert le volontariat. L'industrie agro-alimentaire doit donc travailler sans relâche pour que le processus s'enclenche dès le plus jeune âge et sans qu'on s'en aperçoive ; au début, en effet, les corps ne remarquent pas la différence.

Le foie s'apparente à une usine qui transforme et stocke les sucres et les lipides. Dans des conditions normales, l'organe contient peu de gras, mais lorsqu'on abuse de la nourriture, cette proportion s'accroît. On parle de stéatose quand la part de graisse dépasse 5 % ; bénigne mais fréquente, cette pathologie affecte un tiers de l'humanité. La détérioration de la fonction hépatique se produit lentement mais sûrement quand une réaction inflammatoire se déclenche et que survient la phase de la stéato-hépatite, appelée NASH. Avec le temps, l'architecture de l'organe se modifie et l'apparition d'une fibrose empêche le bon fonctionnement du foie. La cirrhose s'invite au bout du chemin. À ce stade, le malade n'a plus qu'un espoir ; la greffe hépatique

Pierre Ménès a survécu grâce à une double transplantation foie-rein réalisée le 12 décembre 2016. Après douze heures d'intervention, notre héros s'est réveillé un peu grognon dans sa chambre de l'hôpital Beaujon : allongé devant un écran de télévision, il se retrouve pourtant dans sa position de prédilection. Mais la qualité de l'image est très inférieure à celle de son Samsung, ce qui le contrarie, car nous sommes mercredi et Pierrot n'a qu'une idée en tête : se brancher sur M6 pour ne pas rater son émission préférée, Top Chef.

*****

Pierre Ménès souffrait de deux maladies cousines : le NASH et l'embonpoint. Même si son incidence a considérablement augmenté durant les quarante dernières années, l'obésité ne date pas d'hier :

la littérature anglaise du XIXᵉ siècle en fournit la preuve, elle qui regorge de personnages en surpoids. Le principal protagoniste des *Aventures de Monsieur Pickwick* est un gentleman ventripotent, sujet à des accès de somnolence diurne au cours desquels sa respiration s'interrompt. Ainsi Charles Dickens décrit-il pour la première fois un problème fréquent chez les patients pléthoriques : l'apnée du sommeil (ou syndrome de Pickwick) qui touche aujourd'hui plus d'un milliard d'individus.

La surcharge pondérale ne représente pas une affection nouvelle ; quant à ses causes, elles sont multiples. On incrimine l'excès de calories, les aliments trop gras ou trop sucrés, mais aussi le manque d'exercice physique, voire un dérèglement hormonal. L'arrêt du tabac fait grossir, la ménopause agit de même : le stress y contribue. L'alcool joue un rôle, tout comme le psychisme. Des mécanismes de défense se révèlent quelquefois au fil des entretiens. Des adolescentes victimes d'inceste expliquent avoir délibérément choisi de trop manger pour s'enlaidir, en espérant que leur armure de graisse fasse barrage aux pulsions des mâles de la famille.

À l'inverse, le NASH est une affection plus facile à appréhender, puisqu'elle ne concerne qu'un seul organe. La maladie fascine, car son origine demeure mystérieuse. Il s'agit là d'une situation exceptionnelle ; les médecins sont rarement confrontés à l'émergence d'une pathologie vraiment nouvelle. Ceux de ma génération n'en connurent que deux : le SIDA et le NASH.

Jeune interne au temps où le SIDA décimait les corps du Ballet Béjart, je me souviens de ces nuits de pleine lune quand une gigantesque vague de détresse submergeait l'hôpital. On patrouillait les couloirs du sous-sol sur les traces d'une consœur anesthésiste qui ne répondait plus aux appels et qu'on retrouvait allongée inconsciente dans une chambre borgne, une seringue de fentanyl plantée dans le bras.

La fréquence des suicides s'intensifiait à l'approche des fêtes de Noël. Lampes de poche à la main, nous scrutions l'obscurité du dehors, à la recherche d'un cancéreux qui s'était jeté dans le vide après avoir enjambé le parapet du quinzième étage. Notre mission : localiser le corps et agir discrètement afin d'effacer toute trace de l'incident. On retrouvait le cadavre désarticulé sur la terrasse de la cafétéria : l'épaisse barbe grise du défunt fournissait l'unique repère anatomique fiable. On levait alors les yeux au ciel, tout en grelottant de plus belle ; à peine sortis de l'enfance, nous prenions déjà conscience du manque d'épaisseur de nos blouses blanches. À l'époque du SIDA, le NASH n'existait pas : celui-ci attendrait encore dix ans pour apparaître. Pourtant, le poison responsable de la maladie circulait déjà dans les organismes : mais, sur ce point comme sur tant d'autres, nous étions des ignorants.

La première description du NASH date de 1999 : elle fut l'œuvre de Anna Mae Diehl, une chercheuse de l'Université John Hopkins qui avait d'emblée suspecté une relation entre cette maladie et l'alimentation moderne ; en effet, la majorité de ses patients souffraient tout à la fois de diabète et d'obésité. Le foie a la réputation d'être un organe fort résistant : certains experts doutaient que l'excès de nourriture puisse provoquer tant de dégâts. « La cirrhose alcoolique représente l'aboutissement d'un long processus, disaient-ils : 15 à 20 années d'exposition au toxique sont requises pour en arriver là ». Tous s'accordaient sur un point : la molécule responsable du NASH était apparue sur le marché au début des années 1980.

Aux États-Unis, la Food and Drug Administration (FDA) est l'agence chargée d'homologuer les denrées alimentaires : son site internet (www.fda.gov) énumère 376 produits soumis à l'approbation des autorités durant la période 1970-1980. Dans l'immense majorité des cas, il s'agissait d'ingrédients anodins comme l'agar-agar, la réglisse ou la farine de tapioca. Or, le poison à l'origine du NASH devait être une marchandise courante, présente chaque jour et en quantités élevées dans l'assiette de millions de citoyens. Ce critère permettait d'écarter d'emblée 374 substances peu suspectes de toxicité hépatique. Restaient en lice deux candidats jumeaux et précédemment évoqués : le sucre de maïs (dextrose, #50-99-7) et le sirop de maïs (#8029-43-4) qui firent l'objet d'un même rapport (# BF-77/28) soumis en 1976 et approuvé par la FDA en 1983 : dès lors, rien ne s'opposait à la mise sur le marché de sa version plus riche en fructose, le fameux *High Fructose Corn Syrup*. L'année suivante, la compagnie Coca-Cola renonçait définitivement au sucre traditionnel : dès 1984, le sirop de maïs devint l'édulcorant exclusif de toutes les boissons gazeuses *made in USA*.

Pour la FDA comme pour les industriels, la voie semblait toute tracée ; facile à produire et à conserver, bon marché et très soluble, le sirop de maïs possédait toutes les qualités d'une future star. Mais pouvait-on garantir son innocuité ? Sa consommation régulière pouvait-elle comporter des risques pour la santé des gens ? Le gouvernement tenait à rassurer la population : le sirop de maïs ressemblait en tous points au sucre naturel. N'était-il pas constitué d'une même combinaison de glucose et fructose ? On pouvait donc considérer cette substance comme sans danger (*Generally Recognized As Safe - GRAS*) ; à la condition expresse, bien sûr, de ne pas en manger trop. À ce propos, les fonctionnaires fédéraux faisaient remarquer que le seuil de toxicité du fructose était similaire à celui de l'alcool : 50 grammes par jour. Coïncidence ? Probablement pas. On se souvient de l'adage, qui date du Moyen-Âge : « C'est la dose qui fait le poison ».

Les experts de la FDA ignoraient que leurs concitoyens allaient absorber le fructose principalement sous forme liquide et en quantités très supérieures à la dose recommandée ; un litre de Coca-Cola contient 110 à 120 grammes de sirop de maïs, soient 65 grammes de fructose. Les épidémiologistes allaient d'ailleurs vite établir un lien entre la consommation excessive de boissons gazeuses et le NASH, cette affection qu'ils baptiseraient bientôt « la maladie du soda » : alors qu'il s'agit plutôt d'une pathologie liée au fructose.

Fructose et glucose ; les deux composants du sucre sont de faux jumeaux. Bien qu'ils soient constitués du même nombre d'atomes de carbone, d'oxygène et d'hydrogène ($C_6H_{12}O_6$), leur métabolisme se déroule dans des lieux différents. Toutes les cellules de notre organisme détiennent le pouvoir de transformer le glucose en énergie. Par contre, l'appareillage enzymatique capable de digérer le fructose n'est présent que dans un seul organe : le foie. Le glucose se disperse donc dans l'ensemble du corps, tandis que le fructose se concentre dans le parenchyme hépatique. Et au-delà de 50 grammes par jour, le fructose devient toxique pour ce dernier.

« Le fructose, c'est l'alcool moins l'ivresse », affirme le pédiatre Robert Lustig : lorsqu'on en consomme trop, le fructose et l'alcool agissent de la même façon sur le foie et conduisent tous deux à sa destruction. Rien, sur le plan morphologique, ne distingue la cirrhose alcoolique de la cirrhose du NASH : on doit les envisager comme des maladies jumelles en relation avec la boisson. Quant au traitement, il reste identique : l'abus d'alcool et l'excès de sucre représentent actuellement les deux principales indications à la greffe de foie.

Le NASH possède pourtant un potentiel de croissance bien supérieur : le fructose n'est pas encore considéré comme un produit toxique. Dans le monde entier, en toutes circonstances et sans restriction, les individus s'habituent à ingurgiter des sodas dès leur plus jeune âge. On peut se désaltérer à l'école, au travail, en voiture ; aucune loi ne sanctionne ce type de comportement. Devant cette aberration, certains pays ont choisi d'instaurer une taxe sur les boissons sucrées. Des pédiatres militent pour qu'on en prohibe la vente aux mineurs : une décision impopulaire, mais qui constituerait la seule façon de réduire l'impact du NASH sur la santé des futures générations.

La malbouffe porte l'entière responsabilité du NASH. Les spécialistes prédisent que cette affection représentera bientôt la première cause de transplantation hépatique dans le monde. On tremble déjà à l'idée que des millions d'obèses deviennent un jour des candidats à la greffe de foie et que l'on manque de donneurs. Heureusement, le problème de la pénurie d'organes dans les démocraties occidentales a éveillé l'intérêt de l'État chinois : ce dernier a aussitôt mis en place un système capable de satisfaire efficacement la demande.

En privé, les autorités de Pékin déploraient depuis longtemps un excès de prisonniers politiques : ceux-ci ne rapportaient pas grand-chose à la société, hormis des soucis avec Amnesty International. Il convenait de trouver une solution : condamner à mort ces pauvres bougres reviendrait à leur épargner des années de souffrances et d'anxiété. Quant au prélèvement de leurs organes, il donnerait un sens posthume à leurs existences misérables ; cela permettrait aussi de vider les prisons tout en procurant des revenus au ministère de la Santé, du Bien-être et de la Planification familiale. Aussitôt dit, aussitôt fait : adossés à des pénitenciers plus grands encore, d'immenses hôpitaux virent le jour et se tinrent prêts à accueillir les cirrhotiques du monde entier. Ces derniers ne discutaient jamais les prix : 80 000 euros pour un foie, finalement ça n'est pas si cher quand votre survie en dépend. Tous les patients étaient les bienvenus, même les Américains ; à l'instar de Chris Bellamy, victime tout comme Pierre Ménès de l'obésité et du NASH et qui fut transplanté à Shanghai en mars 2010.

Dix années ont passé depuis l'intervention et Chris a volontiers accepté de nous conter son expérience. Peu porté sur les considérations éthiques, il reste évasif au moment d'évoquer les modalités du prélèvement de son foie, ce parallélépipède marron qui repose dans son hypocondre droit. Un grand sourire éclaire le visage de notre interlocuteur tandis qu'il déboutonne sa chemise pour nous présenter sa cicatrice, une balafre horizontale de 40 cm qui traverse son abdomen : « Du beau boulot », confie-t-il. Il se souvient des bonnes manières et de l'extrême politesse du chirurgien, même si ce dernier maîtrisait mal l'anglais : « *Hello Mister Bellamy, how are you today ?* », c'était à peu près tout. Cette difficulté à communiquer restera le principal point noir du séjour de Chris en Chine. Plusieurs anecdotes lui reviennent en mémoire, des détails qui comptent quand on a déboursé autant d'argent : la chambre offrait un confort standard, sans plus ; le wi-fi fonctionnait par intermittence : l'accès à Internet laissait à désirer. Quant à la télévision, n'en parlons pas :

– Figurez-vous qu'il n'y avait même pas d'écran plasma… et que le menu de la télécommande était rédigé en chinois !

*****

Dans le salon de Pierre Ménès, le poste de télévision est éteint mais plus pour longtemps, car nous sommes mercredi soir. On retrouve le journaliste avec plaisir, lui trouvant bonne mine malgré toutes ces péripéties. Le NASH, la double transplantation, la vague *#metoo* et la COVID-19, quelle succession d'épreuves ! En conséquence de quoi, Ménès a perdu 65 kilos. Quant à ses analyses, elles rencontrent un succès grandissant : avec 2,5 millions d'abonnés, son compte Twitter demeure plus populaire que jamais. À cause de ce satané virus, le football a disparu des programmes télé, mais qui s'en plaindrait ?

Pierrot en a profité pour remplacer son vieil écran Samsung par un LG Ultra HD 4K 213 cm plus performant. Une acquisition qui lui permettra d'assister dans les meilleures conditions au match le plus attendu de l'année : celui qui va opposer ce soir David et Adrien en finale de Top Chef.

Indice de Masse Corporelle (IMC)

$$IMC = Poids \text{ (en kilos)} / Taille^2 \text{ (en cm)}$$

Exemple d'un individu pesant 70 kilos pour 170 cm
70 / 1.7 x 1.7 = 24

IMC < 25:	POIDS NORMAL
IMC COMPRIS ENTRE 25 et 30:	SURPOIDS
IMC COMPRIS ENTRE 30 et 35:	OBÉSITÉ
IMC COMPRIS ENTRE 35 et 40:	OBÉSITÉ SÉVÈRE
IMC > 40:	OBÉSITÉ MORBIDE

6. TOP CHEF

Le manque de parité : voilà le principal reproche qu'on pourrait faire à l'émission. Le masculin domine en effet dans les cuisines de la télé-réalité ; retransmise de février à juin 2020, la onzième saison de Top Chef ne fait pas exception à la règle avec l'élimination de Justine et Nastasia en huitièmes de finale. Dès lors, ne restent plus que huit candidats mâles pour se départager la couronne : cela sous la supervision d'un jury très macho (Etchebest - Sarran - Pairet) au sein duquel la blondeur vermeille de la cheffe Hélène Darroze étincelle à la façon d'un éclair vanille-caramel.

Les dégustations se déroulant à l'aveugle, on se gardera bien d'accuser les jurés de discrimination. D'ailleurs, les féministes commentent peu ce type de programme : beaucoup d'entre elles considèrent la confection des repas comme une corvée insupportable, voire une forme d'aliénation. Des voix se font entendre ici et là pour que cette charge mentale asphyxiante soit équitablement partagée entre les sexes. Pourtant, les gens n'ont jamais consacré si peu de temps à faire la popote : 37 minutes par jour, en moyenne. À titre de comparaison, ils passent quotidiennement 3 heures 53 minutes sur leurs *smartphones* et 3 heures 35 minutes devant la télévision ; les deux types d'écrans fonctionnent souvent en simultané, alors que le four à micro-ondes ronronne tel un matou abandonné dans l'obscur *no man's land* d'une cuisine déshabitée.

La télé-réalité culinaire (Top Chef ; MasterChef ; Le Meilleur Pâtissier ; Un Dîner presque parfait…) rencontre un succès grandissant. Ces émissions assurent la popularité de certains chefs dans des rôles taillés sur mesure (le gentil - Cyril Lignac ; le méchant - Philippe Etchebest). Elles révèlent la personnalité attachante de jeunes cordons-bleus qui déploient leurs talents dans l'exercice d'un métier exigeant. Quant au téléspectateur, il tremble à l'idée qu'un de ses chouchous soit éliminé ; n'oublions pas qu'il s'agit d'un concours.

La saison 11 de Top Chef est placée sous le double signe de l'écoresponsabilité et de l'audace, deux qualités d'autant plus volontiers plébiscitées par le public qu'elles manquent au quotidien. Le 17 juin

2020, outre Mélissa et Pierre Ménès, quatre millions de Français ont passé la soirée en compagnie des deux finalistes, David Galienne et Adrien Cachot. À 30 ans, David est un entrepreneur confirmé qui dirige avec son ex-femme *Le Jardin des Plumes* à Giverny. Divorcé et père de deux garçons, Galienne incarne le gendre idéal : un physique agréable, une dentition impeccable et la ferme ambition de réussir dans la vie. Pour toutes ces raisons, d'emblée, les téléspectateurs l'ont détesté ; tout en lui reconnaissant d'évidentes qualités techniques, ils déplorent l'absence d'originalité de sa cuisine, comme en témoigne sa décevante revisite du pot-au-feu (« *CLIN D'ŒIL POUR MAMIE MARCELLE* ») durant l'épreuve des quarts de finale.

Pour Adrien Cachot, l'inverse s'est produit : la population française s'est prise d'affection pour ce garçon pataud à la pilosité faciale mal définie. Bien que timide par nature, Adrien a volontiers accepté le rôle de chouchou du public. Je-m'en-foutiste, voire irrespectueuse des codes, son attitude lui vaut l'admiration de ses pairs et l'estime du jury. Le Girondin ne dédaigne pas non plus les coups d'éclat, comme lors de la troisième épreuve : déçu par le visuel de son trompe-l'œil « *EXTENSION DU DOMAINE DE LA LUTTE EN MILIEU FORESTIER* », il n'a pas hésité à écrabouiller le contenu de son assiette, avant d'en rebaptiser les débris « *PREMIERS PAS DANS LA NATURE* ». Certains ont vu dans cet acte autodestructeur l'expression abrupte d'un génie écoresponsable : d'autres se sont contentés d'en rire. Mais tout le monde s'accorde à dire que Cachot incarne à merveille l'audace, ce trait de caractère qui constitue, faut-il le rappeler, le thème de la saison.

Aux manettes de l'émission depuis 2010, le réalisateur Sébastien Zibi n'a pas son pareil pour ménager le suspense et mettre en scène le spectacle. Cette année, grâce sans doute au confinement strict imposé à la population durant le printemps, Top Chef rencontre un immense succès populaire. Sébastien affiche d'ailleurs un bel optimisme : quelle qu'en soit l'issue, la cuvée 2020 se terminera en apothéose, car on a rarement vu deux finalistes aux personnalités si différentes. Pour Adrien et David, l'heure de vérité a sonné, car leur tâche s'annonce écrasante : cuisiner une entrée, un plat et un dessert pour un parterre d'une centaine de privilégiés triés sur le volet.

Travelling avant sur ces bienheureux volontaires de la Croix-Rouge qui réalisent simultanément deux de leurs rêves les plus fous : manger à l'œil dans un palace et passer à la télévision. Mais il est temps de marquer une première pause dans ce chapitre.

...Auchan (Où trouver de beaux produits pour cuisiner) : Taureau Ailé (Expert des riz parfumés) : Cookeo de Moulinex (Révèle votre talent en cuisine) : Uber Eats (Livre les plats de Top Chef) : Saint Agur (Des moments forts et fondants) : Crème Président (La crème des chefs : existe en longue conservation) : Saint Mamet (Kit pâtissier aux fruits) : Mir Vaisselle (Une brillance et un parfum uniques) : Ministère des Solidarités et de la Santé (Ensemble, continuons d'appliquer les gestes barrières !)...

Au fil des saisons, les producteurs de Top Chef sont parvenus à mieux cerner le profil des amoureux de l'émission : des gens qui ne font jamais la cuisine et pour qui la gastronomie se résume à passer un plat tout prêt au four à micro-ondes. Sébastien Zibi analyse froidement les raisons du succès d'un programme qui entretient l'illusion d'une existence faite de luxe, de mets subtils et d'ingrédients rares :

– À un moment, on avait imaginé montrer des recettes faciles à réaliser, on voulait davantage s'orienter vers la nourriture du quotidien, mais ça n'a pas marché. De toute façon, vous savez, les gens ne préparent plus les repas. Ils ont simplement envie de rêver.

David frappe d'emblée très fort dans cette finale, avec son hors-d'œuvre intitulé : « *VOYAGE DE L'ITALIE* À L'INDONÉSIE » (ravioli à l'encre de seiche farci à l'araignée et au combawa, citron caviar et bisque aux saveurs asiatiques). Cette sublime construction aux reflets de marbre de rose a enthousiasmé les invités du Georges V. Le jury des chefs s'accorde pour considérer cette entrée comme très réussie :

Darroze : Le visuel est bien, de ce côté-là, rien à dire.

Sarran : L'assaisonnement est bien, aussi. C'est important, l'assaisonnement.

Etchebest : Je trouve que c'est une assiette qui raconte une histoire.

Pairet: La cuisson de la pâte est bien : il ne s'est pas planté là-dessus.

Présentateur (tout sourire) : Vous l'avez compris, chers téléspectateurs, cette finale s'annonce particulièrement disputée.

Quant à Cachot, il déçoit ses nombreux supporters avec une entrée sobrement intitulée : « *CREVETTE COCKTAIL* ». Pierre Ménès a observé d'un œil attentif la première heure de l'émission. Homme de droite, amateur de grosses voitures et d'objets de luxe, le journaliste devrait prendre le parti de David Galienne. Bizarrement, ce n'est pas le cas ; comme l'écrasante majorité des Français, ses préférences vont vers Cachot. Mélissa, quant à elle, ne cache plus son inquiétude : Adrien donne l'impression de ne maîtriser ni sa brigade ni son sujet.

– Ils font un peu n'importe quoi, tu ne trouves pas, *Amor* ? Avec cette idiote de Justine qui ne comprend rien ! *Nooo*… mais regarde ça… *Qué* catastrophe !

De son côté Ménès demeure optimiste. Il ne se laisse pas abattre par le mauvais départ de son candidat favori :

– Tu sais ma chérie, les pronostics, ça me connaît. Et dans Top Chef, ça se joue sur le dessert. Crois-moi, c'est là qu'Adrien fera la différence.

… Auchan (Le bon choix des chefs de Top Chef) : Kenwood (Le robot pâtissier qui relève tous les défis) : Philips Sonicare (Pour un brossage des dents tout en douceur) : J'adore de Dior (Infiniment femme) : Beurre Elle & Vire (L'envie du vrai) : Alsa Sucre Vanillé des Isles (Très parfumé) : Pure Leaf Thé Glacé (Infusé avec passion) : La Cuisine d'Océane (Avec du goût comme avant) : Camembert Président (Affiné plus longtemps) : Mylène Farmer (son concert « Live 2019 » en exclusivité sur M6)…

*****

Occupée à mettre son fils au lit, Josette n'a pas assisté à la première partie de la finale ; il faut dire que depuis le divorce, Kevin dort mal. Le petit garçon fait des cauchemars et réclame davantage l'attention de sa mère. Cette dernière débarrasse la table du dîner, où gisent les rogatons tièdes d'une pizza hawaïenne. Josette n'est pas une inconditionnelle de Top Chef : elle préfère « Le Meilleur Pâtissier », qui réunit des cuisiniers amateurs, amoureux tout comme elle des gâteaux et des sucreries. Mais ce soir, la maman de Kevin ne veut pas manquer la finale ; elle s'est prise d'affection pour le petit Adrien qui, avec son double menton et son regard de teckel, lui rappelle un peu son ex-mari, Gennaro.

Armée d'un paquet de Pépitos, Josette prend place devant l'écran alors que les brigades s'attellent à la réalisation du plat principal. Les deux candidats, par leurs langages corporels, expriment des sentiments opposés. Dans son habit immaculé, David a fière allure : il se tient très droit au milieu de ses troupes qu'il dirige d'une voix calme, tout en corrigeant chaque erreur. Bien que le chef étoilé normand fasse preuve d'empathie, on devine que tout est calculé chez lui : seule la victoire compte. Ceci explique sans doute la détestation dont il fait l'objet.

Dans son bistrot « *Détour* », Adrien Cachot a pris l'habitude de tout faire lui-même, y compris la plonge. Est-ce la raison du désastre ? Car petit à petit, le jeune prodige perd pied : n'ayant pas la mentalité d'un leader, il rechigne à donner des ordres et semble tétanisé par l'ampleur de la tâche. Jamais il n'aura l'audace de dire à Justine qu'elle est en train de saboter sa recette du pressé de joue de veau. Philippe Etchebest s'inquiète : il ne reconnaît plus le candidat capable d'inspirations géniales, à l'instar de ce pigeon farci en croûte de pain au pin (« *PINGEON* ») concocté en deuxième semaine. Comme étranger à toute cette agitation, Adrien s'isole pour se lancer dans la réalisation du dessert ; une gageure nécessitant la confection de cent dix gobelets en sucre glace.

« Décidément, les hommes sont nuls : dès que ça devient difficile, il n'y a plus personne », se dit Josette. En cela aussi, Adrien lui rappelle son mari, souvent hésitant dans ses choix et peu combatif dans l'existence. Alors que David… Ah, David ! Si elle avait eu la chance de tomber sur un homme comme lui ! Précisons en effet que Josette n'a pas suivi le douzième épisode de la série ; elle ignore donc que Galienne file le parfait amour avec un beau brun nommé Alexis. La production a exigé des deux hommes qu'ils s'embrassent devant les caméras de M6 : les tourtereaux ont obtempéré tandis que Sébastien Zibi mettait sobrement en scène le coming out.

Si seulement Gennaro avait exprimé des remords! Josette aurait fait l'effort de lui pardonner et n'en serait pas là, mère célibataire échouée dans une banlieue sans charme, avec Kevin et la nourriture comme seules consolations. La jeune femme avait pourtant fait de gros efforts en 2011 pour perdre une vingtaine de kilos et paraître svelte dans sa robe de mariée. Mais, à la façon d'une mauvaise fée, la boulimie avait refait son apparition deux ans plus tard, durant sa grossesse. Évidemment, le divorce n'a rien arrangé, avec des raids nocturnes sur le frigidaire et d'autres choses aussi dont elle n'est pas fière et qu'elle préfère taire, tant elles s'avèrent lourdes à porter.

...Pure Leaf Thé Glacé (Infusé avec passion): La Cuisine d'Océane (Avec du goût comme avant): la Faisselle de Rians (Laiterie familiale depuis 1901): Auchan (Le bon choix des chefs de Top Chef): Disney Plus (Bienvenue chez nous, dès le 15 juillet): Cookeo de Moulinex (Révèle votre talent en cuisine): Camembert Président (Affiné plus longtemps): Saint Mamet (Kit pâtissier aux fruits): Lidl (La faim des prix, c'est Lidl): Philips Sonicare (Pour un brossage des dents tout en douceur); J'adore de Dior (Infiniment femme): Beurre Elle & Vire (L'envie du vrai): Quand on aime ses proches on ne s'approche pas trop (Ministère des Solidarités et de la Santé)...

Il est 23 h 30: l'émission entre dans sa phase cruciale alors que l'heure des entremets sucrés a sonné. Fidèle à sa réputation, Adrien joue son va-tout avec une dernière création en trompe-l'œil intitulée «*CHOCOLOGIE*», qui figure un gobelet de plastique blanc nacré, souillant la nature morte d'un parterre de sous-bois (crumble de cacao, sponge cake au persil, pralin de tournesol, glace aux champignons de Paris): «J'avais à cœur de réaliser un dessert écoresponsable: en tant que jeune cuisinier, je considère qu'il est de mon devoir de lutter contre la destruction de l'environnement», marmonne le favori du public face à la caméra.

Constitué à 100% de sucre glace, le gobelet imite le polypropylène à la perfection: c'est une apothéose esthétique plutôt que gustative à laquelle personne ne touche, mais qu'importe: consacré apôtre de la cuisine conceptuelle, Adrien retrouve le sourire et rêve à nouveau de victoire. Pourtant, l'accueil du public est mitigé : pour la plupart, les invités n'ont pas terminé leur assiette. Cachot a ignoré les préceptes d'Howard Moskowitz : la concentration en glucose de son plat excède largement le seuil (18% du poids total) recommandé par le neuropsychologue américain. Beaucoup trop riche en fructose, « *CHOCOLOGIE* » s'avère immangeable. Ghislaine, une jolie brune de 35 ans, prend la chose avec diplomatie :

– Visuellement, ça ressemble à une déchèterie... cela dit j'aime beaucoup l'idée.

Quant aux membres du jury, ils cachent mal leur consternation devant tant de laideur :

Darroze (regard incrédule) : Ah... là, on a un parti-pris très marqué.

Sarran : C'est audacieux... pas très gourmand, mais avant-gardiste.

Etchebest : Un dessert qui, sans aucun doute, restera dans l'histoire de Top Chef.

Pairet : Un plat engagé symbolisant à merveille le thème de cette saison, qui est je vous le rappelle l'audace.

Présentateur (circonspect) : En vous observant, chers amis du jury, j'ai l'impression qu'il sera très difficile de désigner un vainqueur. J'en profite pour dire à nos spectateurs qu'eux aussi peuvent voter pour départager Adrien et David : il suffit pour cela de composer le...

*****

L'émission n'est pas arrivée à son terme que les supporters d'Adrien hurlent déjà leur enthousiasme sur les réseaux sociaux. Les jeunes, en particulier, ont été sensibles au message écoresponsable porté par son dessert. Quant au gouvernement d'Emmanuel Macron, il se contente de réagir par la plume de la Secrétaire d'État à la Transition écologique, qui a posté sur Twitter le commentaire suivant :

Le gobelet plastique en sucre comme allégorie de la pollution de notre environnement.
On aime. Bravo Adrien pour ce dessert engagé.
#topchef #chocologie #maplanetemoncombat #brunepoirson

Pendant ce temps, le dessert de David Galienne passerait presque inaperçu : pourtant, tout le monde le juge excellent. Le chef normand a composé une symphonie de textures en habit couleur crème : mousse noix de coco et chou-fleur mariné à la vanille sur un sablé au beurre. Une belle réussite avec la légère amertume du légume qui vient sublimer les arômes exotiques de l'épice. « *CHOU-FLEUR AUX PARFUMS DES ÎLES* » permet à David Galienne d'assurer une victoire logique et d'emporter le chèque de 57 000 euros. David était bien le meilleur des deux finalistes : un entrepreneur ambitieux refusant les fausses excuses de l'artiste maudit : un artisan travaillant dur pour satisfaire les appétits d'une clientèle exigeante : un homme ayant décidé de vivre en accord avec les élans de son cœur. Mais plus encore, un cuisinier capable de faire l'impasse sur le sucre, même au dessert.

Quant à la prétendue audace d'Adrien, elle n'était qu'une façade : sa création n'avait rien d'original non plus. La tradition des sculptures en cassonade remonte au XVIIe siècle ; à cette époque, le sucre était surtout apprécié pour ses vertus ornementales. On décorait les tables des banquets au moyen de phallus de glucose grandeur nature que les gourgandines caressaient du bout des lèvres en s'efforçant de rougir. Ce qui achevait de mettre une bonne ambiance au château.

*****

La fatigue a fini par triompher : malgré le talent de Sébastien Zibi, malgré le suspense de cette finale, malgré le charisme des deux candidats, Josette s'est assoupie avant le terme de l'émission. Une dernière miette de Pépito accrochée au menton, elle ronfle devant le poste de télévision dont la lueur bleutée vibre dans la chaleur de cette nuit d'été.

Heure bénie où le réel s'efface tandis que l'imagination prend le pouvoir : dans ces moments-là, la jeune femme fait toujours le même rêve, où elle apparaît vêtue d'une robe en lin Valentino très échancrée révélant la fermeté de ses cuisses, la minceur de sa taille et la noirceur de ses aisselles. Une foule de prétendants se presse auprès d'elle : « Mais qui sont tous ces gens ? » s'interroge-t-elle, en levant les bras au ciel. Surjouer l'indignation représente sa carte de visite : n'est-elle pas, après tout, la plus célèbre comédienne de Paris ? Tant et si bien qu'à cet instant, plus personne dans la capitale n'ignore son mépris pour l'épilation intégrale.

Josette se réveille en sursaut alors que l'obscurité règne depuis longtemps sur les faubourgs. Elle s'extirpe du sofa en gémissant, puis se dirige vers la chambre de l'enfant : Dieu soit loué, Kevin dort encore. Le visage de Josette s'éclaire d'un sourire très doux qui précipite la chute d'une dernière miette de Pépito. Elle en a l'intuition, cette fois-ci sera la bonne : « Avec un peu de volonté, tout est possible », pense-t-elle. Demain, elle a rendez-vous avec une diététicienne. La maman de Kevin est prête à prendre un nouveau départ !

7. UN IMC À 47

LA CONSULTATION DE DIÉTÉTIQUE

Dans une pièce aux dimensions modestes, deux femmes sont assises de part et d'autre d'une table en aggloméré clair sur laquelle repose un ordinateur Dell. L'écran de ce dernier est orienté vers la plus jeune et la plus svelte des deux protagonistes ; prénommée Cindy et habillée d'une blouse blanche à liserés lavande, celle-ci interprète le personnage de la thérapeute. Face à elle, dans le rôle de la patiente, on reconnaît Josette qui a revêtu pour l'occasion un sweat-shirt *oversize* marron foncé ou noir, au dos duquel s'affichent en lettres gothiques les principales dates de concerts d'un groupe de hard rock suisse allemand trop tôt disparu :
WALDBÜHNE KARLSRUHE - 26 MAI 2012
PARKSTADION LEIPZIG - 01 JUNI 2012
RED BULL ARENA BERLIN - 03 JUNI 2012
OLYMPIASTADION MÜNCHEN - 06 JUNI 2012

*Le regard de Josette s'arrête sur une illustration en couleurs au format 40 x 60 cm agrafée au mur, mettant en scène deux bambins vêtus de boubous qui sourient à l'objectif. En arrière-plan, on distingue une sorte de petit lac bordé de végétation exotique. Excellent prétexte pour briser la glace de cette premi*ère *entrevue.*

Josette : C'est beau, quand même, l'Afrique. Vous êtes douée, comme photographe, je trouve.
Cindy : Oh ! Merci, c'est gentil, mais vous savez, ce n'est qu'un simple souvenir de vacances… L'hiver passé… la lagune Ébrié, entre Dabou et Abidjan. Bien, alors, Madame Mazzarella : en quoi puis-je vous être utile ?
Josette : En fait, j'ai énormément grossi ; 40 kilos, depuis que…
Cindy : *(consultant ses fiches)* Oui… Je vois ça… 125 kilos, c'est bien juste ?

Josette : *(fouillant son sac à la recherche d'un mouchoir)* Excusez-moi, c'est les nerfs… Vous savez, depuis le divorce je n'ai pas eu beaucoup de temps pour moi… *(elle sanglote)*
Cindy : Allons, allons, ça n'est pas grave : au contraire, c'est bien que ça sorte, toute cette colère… Et vous mesurez un mètre soixante-deux, c'est bien ça ?
Josette : …*(Renifle bruyamment, puis hoche la tête en signe d'approbation)*
Cindy : Bien… Elle pianote sur le clavier de l'ordinateur… Voilà. Bon. Madame Mazzarella, votre IMC est à 47, ce qui signifie que….
Josette : *(l'interrompant sèchement)* Je vous demande pardon, mais il faudrait corriger vos fiches. Je m'appelle Denost, maintenant. *Mademoiselle* Denost.
Cindy : Bien sûr… *(Une pause : elle soupire)* Comme vous le savez, mon domaine d'expertise est la psychonutrition : pour simplifier, je dirais qu'il s'agit d'une approche comportementaliste mettant l'accent sur….
Josette : *(sanglotant doucement)* Ce n'est pas facile pour moi, vous savez… toute seule pour éduquer mon fils : avec mon imbécile d'ex-mari qui tarde à payer la pension et qui s'enfuit chaque week-end sur la Côte d'Azur avec sa traînée !
Cindy : Je vous en supplie, calmez-vous, Josette… Vous permettez que je vous appelle Josette ? Si vous voulez que je vous aide dans votre démarche, il faut que je comprenne ce qui s'est passé. Que je reconstruise votre trajectoire pondérale, comme on dit dans notre jargon. Et pour cela, j'aimerais beaucoup…
Josette : *(visiblement révoltée, elle hausse le ton)* Soi-disant deuxième dauphine à l'élection de Miss Abidjan en 2003. Et qui s'en vante, en plus. Non, mais vous vous rendez compte, ce qu'il me fait subir ? Et Kevin ?? Il y pense à Kevin, cet enfoiré ??

Suit une longue séquence qui permet à la diététicienne de connaître les habitudes alimentaires de sa nouvelle patiente. Il s'agit de déterminer si Josette appartient à la catégorie des hyperphages ou à celle des grignoteuses. Après réflexion, il semble que ce soit une combinaison des deux.

Josette : J'arrive assez bien à me contrôler pendant la journée. Mais je craque le soir, après avoir mis Kevin au lit et que je me retrouve toute seule devant la télé. Je n'y peux rien, c'est plus fort que moi… Au fait, vous avez regardé la finale de Top Chef mercredi passé ?

Cindy : *(légèrement agacée)* Non. Et à ce moment-là, vers quel type d'aliments s'orientent vos préférences ?

Josette : Cela dépend des périodes. Quand j'étais plus jeune, il y avait les Moelleux de l'Alsacienne fourrés à l'orange. Sans oublier les Petits Lu à la fraise et les Chocos BN, bien sûr. Je crois d'ailleurs qu'ils les font toujours…

Cindy : C'est à dire que….

Josette : *(qui semble avoir retrouvé le moral)* Après avoir rencontré Gennaro, j'ai beaucoup diminué ma consommation, tout en me faisant plaisir de temps en temps : vous vous souvenez, les barres chocolatées Raider ? Deux doigts coupe-faim ? Bien sûr que non, évidemment ; vous êtes trop jeune. Et tout ce qui vient de chez Belin, surtout les Petits Cœurs. On peut dire ce qu'on veut de Belin, j'ai rarement été déçue. Pas comme avec cet abruti de Gennaro.

Cindy : Mmmh, je vois… Et donc, après votre divorce ? J'imagine que les choses ont…

Josette : *(sanglotant de plus belle)* Et mon idiot d'ex-mari qui n'a rien trouvé de mieux que de s'enticher de cette girafe avec ses airs de diva… Tout ça parce qu'elle pèse 52 kilos pour un mètre soixante-quinze ? Quand je pense… *(reniflements)*… à tout ce que j'ai fait pour lui…

Cindy : Je comprends. Cela dit, vous ne devriez pas vous décourager, Mademoiselle Denost ; vous êtes encore jeune, vous avez le temps de refaire votre vie, j'en suis convaincue. Vous savez, on rencontre beaucoup d'hommes de nos jours qui préfèrent les femmes enrobées.

Josette : *(soudain attentive)* Ah bon ?

Cindy : Si, si. Et, à ce qu'on m'a dit, certains sont très bien : tenez, pas plus tard qu'hier, une de mes patientes avec un IMC de 56 m'a confié que…

Josette : *(se reprenant)* Du coup, je me suis remis aux Pépitos, surtout depuis qu'ils ont sorti ce nouveau modèle au chocolat noir, plus fort, plus corsé.

Cindy a cessé d'écouter: c'est récurrent chez elle, cette difficulté qu'elle éprouve certains jours à rester concentrée quand l'entretien se prolonge. Elle imagine la deuxième dauphine de Miss Abidjan 2003 à califourchon sur un Napolitain déchaîné. D'autres images lui reviennent en mémoire, qui troublent l'azur de son regard. Son imagination la transporte six mois en arrière, sur les lieux d'un village de vacances. Mais quel était le prénom de ce moniteur d'aquagym aux cuisses si dures?

Josette : Vous êtes encore jeune, Cindy, mais avec l'âge, vous verrez, on retourne toujours aux valeurs sûres : les cookies Bonne Maman à la noix de pécan...
Cindy: Mmmh... *(Adama? Amadou??)*
Josette: ...les palmiers au beurre de Saint-Michel, les Fingers de Cadbury, les...
Cindy: ... *(Abdoulaye? Ousmane??)*
Josette: ...cigarettes russes de chez Delacre, les...
Cindy: *(dont le beau visage diaphane s'éclaire soudain: Souleymane! Bien sûr! Sacré Souleymane! Avant de se reprendre)*... Écoutez, Josette, excusez-moi d'être franche avec vous, mais j'ai peur qu'on s'égare : c'est vrai, enfin, ça part un peu dans tous les sens. Notez bien que c'est aussi de ma faute. Et donc, je vous propose qu'on commence par le début : parlez-moi de votre enfance. Ça m'intéresse.

*****

Toute petite déjà, j'étais ronde. De cette époque, il me reste des images en noir et blanc sur lesquelles je souris à l'objectif avec mes grosses joues, mes fossettes et mon double menton. J'étais une fillette tranquille qui passait l'essentiel du temps dans sa chambre, occupée à lire et rêvasser en attendant l'heure bénie du goûter. Au début, ma mère ne s'inquiétait pas trop. Elle me disait toujours :
— Josette, pourquoi ne vas-tu pas jouer dehors avec tes amies? Ça te ferait du bien, tu sais.
— Mais tu as vu le temps qu'il fait? Il pleut, Maminova, s'il te plaît...
— Eh bien! ça n'est pas cette petite averse qui doit te décourager. Tu n'es pas en sucre, ma fille, hein?

J'étais au lycée, j'allais sur mes treize ans. Ma mère a commencé à s'inquiéter. À table, elle contemplait mon assiette d'un air réprobateur :
— Tu es sûre de vouloir manger tout ça, ma chérie ?
Les choses se sont aggravées peu à peu, sans que je m'en aperçoive. Je ne me rendais pas compte... À la fin de mon adolescence, j'étais obèse. Pourtant, notre médecin de famille, le docteur Blanchard, se montrait rassurant : «Après tout, confiait-il à mes parents, votre fille n'a qu'une vingtaine de kilos à perdre». Un régime suffirait. Encore fallait-il trouver le bon.
— Le mieux serait de commencer par la méthode BLMJ qui est facile à comprendre et donne d'excellents résultats. Bien sûr, cela dépend surtout de la discipline et de la motivation de la patiente, nous sommes bien d'accord, n'est-ce pas ma petite Josette ?
Je n'avais jamais entendu parler de la méthode BLMJ : tant mieux, en un sens. Il existait un traitement efficace qui me permettrait de mincir. Je n'aurais plus à supporter les moqueries des garçons à la récréation. Je pourrais sortir sans honte le samedi soir ; je ne resterai plus seule dans mon coin lorsque viendrait l'heure des slows. Mais quelle était la signification de ce sigle ? En quoi consistait-il exactement ce régime BLMJ, docteur Blanchard ?
Derrière ses lunettes en demi-lune, le vieux salaud me considérait d'un air cruel :
— Oh, c'est très simple ; cela signifie Bouffe La Moitié Josette !
J'ai quitté la fac de lettres en deuxième année et j'ai trouvé un emploi de secrétaire au Tribunal pour enfants de Nanterre : j'y ai rencontré Gennaro, qui s'occupait de la maintenance des photocopieuses. Je suis tout de suite tombée amoureuse de lui. Jamais encore je n'avais connu d'homme aussi gentil : il avait toujours été attiré par les femmes rondes, disait-il. Nous nous sommes mariés à l'été 2012 ; Kevin est venu au monde l'année suivante. Mais ensuite, le comportement de Gennaro a changé : il se mettait en colère pour un rien et revenait de plus en plus tard à la maison. Quant à moi, je n'avais plus de goût à rien : j'avais pris vingt kilos pendant la grossesse et le moindre effort m'épuisait. Tout m'inspirait du dégoût. Hormis la nourriture, bien sûr.

Je me souviens d'un samedi, peu avant la séparation ; Kevin passait le week-end chez ses grands-parents et nous étions seuls dans l'appartement, mon mari et moi. Je ne pouvais pas toujours dire non, alors, finalement j'ai dit oui. Heureusement, ça n'a pas duré longtemps. Après, nous sommes restés côte à côte sur le lit sans parler avec Gennaro. J'ai beaucoup hésité, mais il fallait bien que ça sorte :
— Tu sais, mon chéri, quand on fait ça, parfois j'ai l'impression que tu fais tes besoins en moi.

Mon corps ressemblait à une poubelle que mon mari avait le droit de remplir une fois par semaine. Après le divorce, je ne suis pas retournée travailler : j'avais surtout envie de me reposer.

Un après-midi, je suis tombée par hasard sur l'interview de Pierre Ménès à la radio : « Tout le monde déteste les gros, disait-il ; à commencer par les gros eux-mêmes. Quand je vois des photos de moi à l'époque de M6, je me trouve dégueulasse... Je suis un gros qui n'aime pas les gros ; je suis désolé, mais je trouve ça moche. Et dire que je ne me rendais pas compte... je ne me rendais même pas compte... »

Moi aussi, je me dégoûte : je me trouve dégueulasse. Et vous non plus, Cindy, vous n'aimez pas les gros. Vous pensez que, parce que je suis obèse, je suis bête. Mais vous faites erreur. J'ai suivi des études de lettres et j'ai toujours adoré la philosophie, surtout Freud quand il disait « *l'anatomie, c'est le destin* ». Il avait raison ; la morphologie conditionne les rapports avec la société. Mon corps m'encombre et m'enferme : par sa faute, je subis chaque jour mille petites humiliations. J'ai honte d'aller au supermarché : je me fais livrer mes repas. Je n'ose plus affronter le regard des vendeuses dans les magasins : je passe commande de mes vêtements sur Internet. J'évite le métro : je ne veux plus entendre les sarcasmes des employés de la RATP lorsque je dois me positionner de profil pour franchir les tourniquets.

Vous croyez, Cindy, que je suis naïve ? Que je n'ai pas saisi vos manigances ? Vous feignez de m'écouter parce que c'est votre métier et qu'il s'agit avant tout de fidéliser le client : mais le régime que vous me proposez ne servira à rien, sinon à financer vos minuscules plaisirs. Vos vacances de l'hiver prochain, vos parties de jambes en l'air à Yopougon ou Punta Cana. Non ! Ne m'interrompez pas, je

vous en prie ! Je suis une femme, moi aussi, je ne vous blâme pas…
À votre place, je ferais de même.

Avec le temps, je me suis fait une raison : j'ai compris que je devrai affronter seule mon destin et qu'il n'y a aucun espoir de *happy end* dans mon histoire. Après ma mort, on trouvera mes placards remplis de vêtements en taille 48 que je n'aurais jamais portés.

Mon corps est une poubelle ; il me dégoûte et me désole.

Mon corps est un sarcophage ; il m'assigne et il m'isole.

Cindy ? CINDY ! Vous dormez !?

8. GROSSOPHOBIE

Nom féminin : Ensemble des attitudes hostiles et discriminantes à l'égard des personnes en surpoids.

Le néologisme fit son entrée dans les dictionnaires en 2019, mais il était apparu 25 ans plus tôt sous la plume d'une rousse pulpeuse dont peu de gens se souviennent : Anne Zamberlan. En 1994, son corps à demi nu tapissait les avenues de la capitale. Égérie d'une campagne volontairement provocante, Anne reposait en décubitus latéral droit sur une méridienne tendue de soie mauve. Mais comment ne pas éprouver une sorte de malaise à la vue de ces 150 kilogrammes de chair rose surmontés d'un slogan en caractères géants ?

! VIRGIN MÉGASTORE !
ON NE FERA JAMAIS ASSEZ DE PLACE À LA MUSIQUE !

Anne Zamberlan avait-elle du talent ? Sans son obésité, aurait-elle pu aspirer à des rôles plus conséquents ? Une chose est sûre : sa carrière d'actrice ne décolla jamais vraiment. Peu de metteurs en scène se montraient désireux d'embaucher une collaboratrice comme elle. Aussi faut-il ici rendre hommage à Jean-Pierre Mocky ; sans lui, personne ne pourrait admirer le beau visage d'Anne au cinéma, même si ce ne furent que de furtives apparitions dans des œuvres considérées comme mineures (*Agent trouble ; Une Nuit à l'Assemblée nationale ; Il gèle en enfer*) au sein d'une filmographie inégale.

Artiste déçue, victime de son obésité morbide, Anne consacra sa vie à lutter contre les préjugés. Elle fut une pionnière, la première à revendiquer le droit pour les femmes de mener une existence normale, quel que soit leur poids. Une mission périlleuse, car l'actrice devait livrer une bataille quotidienne contre 80 kilos de graisse superflus. Zamberlan n'ignorait pas que l'obésité représente un facteur de risque pour les thromboses et que le terme « morbide » provient du latin *morbus* ; maladie. Anticipant le pire, elle s'efforçait de marcher chaque jour deux fois quinze minutes ; ce fut insuffisant. Victime d'une embolie pulmonaire, Anne prit congé de ce monde hostile en 1999. Elle avait 49 ans.

*****

Au début, ils n'ont prêté qu'une attention distraite à ces lettres manuscrites bourrées de fautes de syntaxe et rédigées à la va-vite par des mères domiciliées dans des trous perdus comme Cedar Rapids (Iowa) ou Blair (Nebraska) : autant dire nulle part. Plus tard, avec l'avènement Internet, ils se sont inquiétés de la virulence ainsi que de l'abondance du courrier. Un mail en particulier plongeait les membres du Conseil d'Administration de Mattel dans l'embarras :

Bergen, le 12 avril 2009
(...) nous sommes furieux.ses de constater à quel point votre compagnie persiste à promouvoir une image hétéronormative du corps féminin. Cette vision genrée impose ipso facto un culte de la minceur qui ne tient pas compte des données récentes en matière d'intersectionnalité et de grossophobie (cf. : «Mind the Gap: Intersectionality, Complexity and 'the Event'», Theory & Science, 2008;10:1-16). Il est démontré que ce type de référentiel, en cas d'internalisation, est associé à un risque plus élevé de troubles du comportement alimentaire à l'adolescence... etc.

Et c'était signé
Wendy Trondåhlm
The Centre for Women's and Gender Research (SKOK)

Plusieurs associations féministes exigeaient que les mensurations de Barbie s'accordent mieux avec l'anatomie réelle des citoyennes ; sans quoi, elles envisageaient de boycotter les jouets de la marque. Le PDG de Mattel ne prit pas tout de suite ces menaces au sérieux. Depuis vingt ans, l'entreprise surfait sur une vague de prospérité sans précédent avec plus d'un milliard de poupées distribuées dans 150 pays : «Culte de la minceur! Grossophobie! Non, mais, je rêve!», s'exclamait-il, tout en fustigeant «ces cocos de Berkeley (qui) commencent à nous emmerder avec leurs conneries...»

Mais en 2010, lorsque les ventes de Barbies commencèrent à décliner, le Conseil d'Administration fut bien forcé de réagir : ses douze membres se réunirent en assemblée extraordinaire afin de définir une nouvelle stratégie. Présente sur le marché depuis 1959, Barbie paraissait désormais trop maigre au goût des mamans américaines. Twitter et Facebook relayaient les opinions d'internautes condamnant la Barbie « classique » : avec sa silhouette exceptionnelle (longues jambes, hanches étroites, taille superfine et lourde poitrine), cette dernière semblait surtout refléter les désirs coupables de ses créateurs, tous mâles et hétérosexuels. Les mères craignaient que leurs filles, en grandissant, ne développent des complexes, voire des troubles du comportement alimentaire en voulant à tout prix ressembler à leur poupée préférée.

Elles avaient raison : Barbie incarne un fantasme, puisqu'on ne retrouve ses mensurations que chez une femme sur 100 000. En février 2016, Mattel lança une nouvelle gamme baptisée *Fashionista* ; un florilège de jouets inclusifs visant à célébrer le corps féminin dans toute sa diversité. Dans les rayons des magasins, on trouvait désormais une Barbie afro-américaine, une Barbie en cours de chimiothérapie (forcément chauve), ainsi qu'une Barbie paraplé-gique. Mais « *Curvy Barbie* » constituait le clou de la collection : une Barbie Ronde, à la taille moins fine, aux fesses plus rebondies et au ventre plus proéminent. Une poupée en léger surpoids. Subsistait pourtant une question : cette création allait-elle autant plaire aux consommatrices qu'aux militantes féministes ? Les désirs des jeunes Américaines allaient-ils s'accorder avec ceux de Wendy Trondhålm et du SKOK ?

Pour répondre à cette question, une équipe de psychologues californiennes décida de sonder les opinions d'une centaine de fillettes âgées de 3 à 10 ans, à qui l'on présenta quatre poupées aux caractéristiques morphologiques très différentes ; à côté de la Barbie Classique, on trouvait une Grande Barbie, une Petite Barbie et, *last but not leas*t, une Barbie Ronde. On pria les participantes d'associer à chacune d'entre elles une appréciation positive (heureuse / intelligente / jolie / gen-tille) ou négative (triste / idiote / laide / méchante). Les chercheuses mirent ainsi en évidence une corrélation frappante ; plus la poupée était mince, plus l'avis des enfants était favorable. Pire encore : à leurs yeux, la Barbie Ronde cristallisait tous les défauts. Même les plus jeunes la jugeaient moche. Le sentiment de grossophobie apparaît dès l'âge de 3 ans et s'observe davantage chez les filles que les garçons : telle fut la conclusion de l'étude. Sur le plan commercial, la Barbie Ronde fut un échec : tout comme la carrière artistique d'Anne Zamberlan, ses ventes ne décollèrent jamais vraiment.

Dès leur plus jeune âge, les habitants des pays occidentaux nourissent des préjugés contre l'obésité et ces préjugés ne cessent de se renforcer par la suite. Pourtant, les critères de beauté varient en fonction des époques et des régions. Le culte de la minceur n'est pas célébré partout, tant s'en faut. Ainsi en Inde, où l'on apprécie un embonpoint habilement mis en valeur par le port du sari : des hanches larges, un ventre bien rond et trois bourrelets à la taille constituent des armes de séduction majeures. Dans les pays pauvres, le surpoids prouve qu'on est riche ; dans les pays riches, l'obésité apparaît comme l'apanage des catégories sociales défavorisées.

Certaines tribus africaines (les Efik au Nigeria, les Humu en Ouganda et les Touaregs en Mauritanie), ont pour coutume de confiner les adolescentes dans des huttes d'engraissage. À l'abri des regards, d'impitoyables matrones les forcent à manger sans arrêt : 15 000 calories par jour sous forme de céréales (2 kilos), de beurre (400 grammes) et de lait de chamelle (20 litres). Ceci afin de satisfaire les exigences du futur époux, puisque selon la tradition ce dernier refusera par principe de prendre pour femme une vierge affichant moins de 80 kilos sur la balance.

Le surpoids apparaît dans ce cas comme une promesse de fertilité et de prospérité. Mais ces jeunes africaines possèdent un avantage de taille : le besoin de plaire à tout prix ne fait pas partie de leurs préoccupations, puisque le conseil des sages se chargera de leur attribuer un mari. Alors que les Occidentales doivent rester minces pour séduire ; une contrainte, hélas, de plus en plus difficile à respecter. Par chance, les mentalités évoluent rapidement, d'autant plus que les obèses ont désormais le privilège du nombre. On assiste aujourd'hui à une transformation morphologique. La révolution des corps est en marche.

Apparue au début des années 2000, la grosso-sphère (*fat-o-sphere*) est un mouvement presque exclusivement féminin et très souvent féministe qui rassemble une centaine d'associations citoyennes désireuses de combattre la grossophobie. Ces divers courants de pensée se sont coagulés au travers d'un ensemble de sites Internet, de blogs et de groupes interconnectés, formant ainsi une collectivité virtuelle dont les membres, bien qu'obèses, refusent de se considérer comme des malades. Sur les réseaux sociaux, i.elles revendiquent : 1) le droit d'être heureux.ses, quel que soit leur poids ; 2) la volonté d'assumer son corps et sa sexualité ; et 3) l'abandon d'un idéal de minceur assimilé à une forme d'oppression patriarcale.

Ces femmes et ces hommes n'ont pas honte d'exhiber leurs rondeurs sur Instagram, tout en affirmant haut et fort : « J'aime mon corps ! je me sens bien dans ma peau ! », ou : « Le gras, c'est beau (*fat is beautiful*) ! », et encore : « À bas les régimes ! nous ne sommes pas venu.e.s sur Terre pour perdre du poids ! ». En France, des associations proclament que « *Gros n'est pas un gros mot* ». Il s'agit aussi d'un combat politique : les obèses veulent lutter contre les discriminations dans le monde du travail. Cette révolution s'accompagne donc d'un renoncement : la grossosphère encourage les gens à s'accepter tels qu'ils sont. Pourtant, même allégés du poids des préjugés et de la culpabilité, ses membres demeurent prisonniers de leur apparence. Le pire moment survient lorsqu'ils ou elles surprennent, au détour d'une rue, le regard inquiet d'une petite fille qui les dévisage en espérant ne jamais leur ressembler.

Que se passe-t-il lorsque les gros deviennent majoritaires dans la société ? Cela n'est pas (encore) le cas en France, mais en Amérique, dans la péninsule Arabique et dans les îles du Pacifique, cette réalité existe déjà. Dans ces pays, la moitié de la population est obèse, sans que cela ne choque plus personne : il faut dire que la minceur n'est pas toujours synonyme de bonne santé. Pour s'en convaincre, il suffit de considérer la détresse des victimes de l'anorexie : le découragement des mannequins rachitiques défilant sur les podiums de la *fashion week* : le long visage triste des cyclistes professionnels : et les troubles psychologiques dont pâtissent ces danseuses étoiles émaciées évoluant constamment sur le fil du rasoir, entre déshydratation et dénutrition.

Beaucoup d'obèses jouissent d'une bonne santé ; ils mènent une existence équilibrée sur tous les plans et ne ressentent pas le besoin d'en changer. Ils ne souffrent ni d'hypertension ni de diabète, n'ont pas développé d'apnée du sommeil ou de NASH. Ils souhaitent avant tout se réconcilier avec leurs bourrelets et partager le formidable message d'espoir de l'écrivaine Daria Marx : « Nous n'arriverons peut-être pas tous à nous aimer, mais si la majorité d'entre nous peut vivre en harmonie avec la société, nous aurons fait un grand progrès ».

Heureux soient les obèses qui, ayant conclu un armistice avec leurs corps, considèrent la minceur comme un objectif hors de portée ! Délestés de cette angoisse, ils se consacrent à de plus nobles occupations : retrouver la sérénité, tomber amoureux, voire adhérer à l'Association Nationale pour l'Acceptation des Gros.ses (NAAFA : *National Association to Advance Fat Acceptance*).

La NAAFA poursuit une ambition : favoriser l'émergence d'une société au sein de laquelle les individus seraient traités avec dignité, quelle que soit leur corpulence. Ses membres s'engagent activement à promouvoir les droits des personnes en surpoids et à faire cesser les discriminations à leur égard. Pour la plupart, ils ont renoncé à maigrir et concentrent leurs efforts sur les aspects pratiques de la vie quotidienne : pour voyager en avion, par exemple, la communauté recommande aux couples obèses de réserver trois sièges contigus en classe économique où il est possible de relever les accoudoirs. On leur conseille en outre d'emporter avec eux des courroies d'appoint pour prolonger les ceintures de sécurité.

La NAAFA organise aussi des conférences où règne la bonne humeur, surtout lorsque Jessica Baker *@the militantbaker* prend la parole. Blonde et joliment tatouée, Jessica n'a pas la langue dans sa poche. À Tucson, sa ville d'origine, les habitants l'ont surnommée « la baleine terrestre », ce qui ne la dérange pas le moins du monde :

– Tout ce qu'on nous apprend sur notre corps, c'est du *bullshit*. D'ailleurs, personne n'est parfait ; même Kim Kardashian a de la cellulite.

Indifférente aux ragots, Miss Baker joue à fond le jeu de la séduction. Elle adore porter des tenues moulantes, ne craint pas d'afficher sa nudité et détourne avec humour les messages grossophobes des grandes marques de vêtements. Jessica souhaite avant tout dénoncer la gigantesque arnaque des régimes alimentaires :

– Ils n'existent que pour faire de l'argent, 70 milliards de dollars par an, rien qu'aux États-Unis, rendez-vous compte ! Avec comme seul résultat de donner mauvaise conscience aux gens !

En tapant « *fat blog* » sur Google, l'internaute se retrouve immergé dans une communauté de millions d'obèses de toutes races, religions et orientations sexuelles ; pourtant, la grosso-sphère est surtout peuplée d'Occidentales proches de la mouvance LGBTQ. Ces dernières, en parlant de leurs corps, préfèrent utiliser l'adjectif « gros » (*fat*). Elles récusent le terme de surpoids, qui sous-entendrait l'existence d'un poids idéal. Quant au qualificatif « obèse », il fait référence à un diagnostic médical nécessitant un traitement : or, ni les régimes ni la chirurgie ne trouvent grâce à leurs yeux. En cela non plus, elles n'ont pas tort : mais nous y reviendrons.

La sexualité est omniprésente au sein de la grosso-sphère. Espace de tolérance où la parole se libère, Internet renseigne les obèses sur la meilleure façon de faire l'amour. On ne saurait en effet sous-estimer les bénéfices d'une telle activité pour le cœur. À ce sujet, les différent.e.s auteur.e.s insistent sur l'importance de ne pas trop en faire, du moins au début. Il convient aussi de bien se préparer ; c'est du moins ce que conseille le blog *msvaginascience.tumblr*.

À titre liminaire, les autrices recommandent qu'on s'équipe de plusieurs oreillers de bon format afin d'assurer un soutien confortable. Le lit doit offrir une résistance correcte tout en gardant une certaine élasticité. Quant aux positions permettant un rapport satisfaisant, elles demeurent peu nombreuses et donc faciles à mémoriser. La posture de la cuillère, idéale pour la femme enceinte, peut s'avérer décevante. Les fesses, de par leur volume, font en effet barrage à la pénétration, quelles que soient la taille et l'obstination du membre viril. On décourage les personnes obèses de chevaucher leur partenaire dans la position dite de l'Andromaque ; le problème ici étant moins le risque d'écrasement ou de suffocation du mâle (généralement considéré comme faible), que la projection de graisse abdominale vers l'avant et vers le bas. Il peut arriver que le tablier adipeux ventral de l'amazone recouvre le pubis et entrave la mobilité du bassin. Quant à la position du missionnaire, elle est rendue difficile par l'épaisseur des cuisses qui limite la flexion des hanches de la dame.

Au fond, concluent les responsables du blog, la meilleure option, le *gold standard*, reste la bonne vieille levrette ; cette position permet de chasser la panse vers l'avant et les jambes vers l'extérieur. Même si la durée totale de l'acte dépasse rarement quatre minutes, il peut s'avérer fatigant de garder cette posture quand on souffre de surpoids : là encore, il faut avoir recours aux coussins qui, judicieusement placés sous l'abdomen de la partenaire, procurent à cette dernière un appui médian supplémentaire qui améliore son confort. On parle alors de levrette revisitée.

*****

Sur un plan politique, la grosso-sphère amplifie les revendications en offrant une tribune à celles qui cumulent les facteurs de risques : des femmes à la fois obèses, noires et lesbiennes ou transsexuelles subissent plusieurs formes de discrimination. Ainsi, Internet regorge-t-il de blogs qui constituent autant de manifestes trans-inclusifs et anti-régimes : comme celui de Megan et Kate.

Kate et Mark vivaient à la façon d'un couple «classique», lorsqu'en 2013 ce dernier a souhaité changer de sexe pour devenir Megan. À cause de l'hormonothérapie, Mark/Megan a beaucoup grossi et déprime un peu. Par chance, Kate est une partenaire exceptionnelle qui, non contente d'encourager son mari dans sa démarche, se dévoue jour et nuit pour contrôler sa glycémie. Il suffit de passer une soirée en leur compagnie pour réaliser à quel point l'embonpoint varie dans ses formes de gravité. Autant Kate (91 kilos pour 157 cm, IMC=37) apparaît souriante et apaisée, autant Megan (228 kilos pour 187 cm, IMC=65), incarne la face sombre du surpoids. Même si cette dernière préfère se considérer comme une «femme trans et lesbienne», les médecins voient d'abord en elle un individu en mauvaise santé : avec son IMC supérieur à 50, elle appartient à la catégorie des super-obèses. Pour couronner le tout, un syndrome métabolique sévère l'oblige à s'injecter chaque jour 60 unités d'insuline.

Kate et Megan ambitionnent de s'alimenter de façon équilibrée, mais sans exagérer : inutile, estiment-elles, de culpabiliser quand on a faim et que la tentation de se resservir de cheesecake s'avère trop forte. Un type de comportement largement partagé aux États-Unis, où 100 millions de citoyennes s'habillent aujourd'hui dans des tailles supérieures à 14, ce qui correspond à un petit 48 (XXL). À titre de comparaison, la Française moyenne s'habille en 42, pèse 62 kilos et mesure 162 centimètres.

Pourquoi considère-t-on l'embonpoint comme un problème féminin alors que les données de l'INSERM suggèrent l'inverse ? En effet, 51% des Français et 41% des Françaises sont en surpoids ou obèses. Pourtant, les hommes consultent beaucoup moins. Pour un IMC identique, une femme aura quatre fois plus tendance à chercher de l'aide auprès du corps médical. Il y a là une double forme d'injustice : d'une part les canons de la beauté masculine paraissent moins exigeants, et d'autre part la pression sociale exercée sur eux semble moindre. Le surpoids ne remet pas en question la virilité, comme le prouvent les nombreux exemples d'acteurs célèbres ayant profité de leurs silhouettes massives pour densifier leur jeu et susciter l'admiration des foules. Indéniablement, Orson Welles, Marlon Brando et Gérard Depardieu n'ont jamais eu, à l'égard de leur apparence, les mêmes appréhensions que Josette et Anne Zamberlan.

Dans bien des domaines pourtant, les impératifs de minceur pèsent aussi sur les hommes : on rencontre fort peu de politiciens obèses. Les Français, à l'instar des Américains, rechignent à voter pour un candidat trop gras : François Hollande s'en était rendu compte, lui qui s'astreignit à un régime sévère avant de postuler au titre suprême (puis, une fois élu, oublier ses promesses et reprendre du poids, selon un phénomène de yo-yo bien connu des nutritionnistes). Armand Fallières reste à ce jour l'unique président français qui fût véritablement trop gros. Parmi les chefs de gouvernement européens, seul Boris Johnson peut prétendre à la qualification d'obèse : ce dernier affichait 111 kilos pour 175 cm (IMC=36) à l'été 2020, lorsqu'il faillit rejoindre la longue liste des victimes du COVID-19. Même les coronavirus font preuve de grossophobie : d'ailleurs, la discrimination à l'encontre des obèses se poursuit bien après leur décès.

*****

185 x 60 centimètres : telles sont les dimensions classiques des cercueils en France, un pays où la demande pour des modèles sur mesure demeure marginale. Il n'en va pas de même aux États-Unis où les entreprises de pompes funèbres ont dû modifier leur logistique : ce n'était pas simplement le gabarit des coffres qu'il fallait corriger, mais aussi la capacité des corbillards et le plan des cimetières. Les croque-morts avaient alerté les autorités américaines dès 2001 : les tombes et les bières de taille standard étaient devenues trop étroites pour la majorité de leurs clients.

On eut vite fait d'adopter de nouvelles normes : à l'heure actuelle, la largeur recommandée des cercueils made in USA est égale à 70 cm. Ceci reste insuffisant pour un nombre croissant d'obèses particulièrement corpulents qui exigent un service sur mesure : la famille du défunt doit alors faire appel aux compétences de Julianne et Keith Davis, les propriétaires de la société « *Goliath Cercueils* ». En commerçants avisés, les époux Davis se sont positionnés dès 1980 sur un marché encore embryonnaire à l'époque : les funérailles en taille XXL. Devenu leader incontesté dans le domaine, Goliath Cercueils propose des modèles *king size*, larges de 130 cm et capables d'accommoder des dépouilles pesant plus de 200 kilos. Exactement ce qu'il fallait pour Megan (ex-Mark), décédée d'une défaillance cardiaque à l'âge de 52 ans.

L'organisation des obsèques s'est avérée plus complexe que prévu : les grilles des fours ne pouvaient supporter une charge supérieure à 200 kilos, ce qui interdisait la crémation. Kate n'avait pas d'alternative à l'enterrement, avec les frais subséquents :

– A Duluth, les gens de l'administration m'ont dit que Megan aurait besoin d'un cercueil, d'une tombe et d'un corbillard sur mesure, ce qui me coûterait vingt mille dollars. Une somme que, bien entendu, je n'avais pas : mon ex-mari et moi avions consacré toutes nos économies à son opération, afin qu'elle puisse enfin devenir une femme comme les autres.

Kate est parvenue à trouver un arrangement avec Julianne et Keith : ceux-ci conservaient dans leur cave un cercueil d'occasion sur lequel ils consentirent un important rabais en raison des taches de moisissures apparentes. En fin de compte, la veuve ne dut débourser que huit mille dollars pour inhumer dignement Megan. Dans son blog, Kate ne tarissait pas d'éloges sur la gentillesse et la compréhension des époux Davis, ce couple charmant auquel elle tenait à rendre hommage :

– Un grand merci à *Goliath Cercueils*. Megan et moi avons eu de la chance de tomber sur eux.

9. ELVIS

La société du surpoids ne revêt pas l'apparence sinistre d'un goulag ou d'une dictature. C'est plutôt le contraire : imaginons plutôt un cocon très doux, décoré de soie et dépourvu de joie. Un monde où l'on mange de plus en plus, tout en cuisinant de moins en moins ; où l'on considère la préparation des repas comme une corvée intolérable, qu'on célèbre par écran interposé. Quant à la nourriture elle-même, elle ne constitue plus une récompense, mais une maigre consolation : disponible partout et à toute heure, elle a perdu sa valeur. Tout cela dessine un univers où trop manger fait figure de seul horizon. Certains en ont même fait un sport de compétition.

*****

Habilement taillé en bouc, un fin collier de barbe tente sans succès d'imiter les contours anguleux du maxillaire inférieur. Peine perdue ; le massif facial du quinquagénaire afro-américain, les pommettes, le menton ainsi que les arcades zygomatiques ont disparu sous une épaisse couche de tissu adipeux. Plus bas, la graisse feint d'épargner les bras et les jambes, afin de mieux se concentrer sur le torse et le ventre. Le gras se coagule à ces endroits, formant une sorte de tablier qui déborde des aisselles par l'extérieur. En dépit de ses 186 kilos, l'homme paraît plus lourd que son poids. Mais qu'on ne se méprenne pas : derrière ses airs débonnaires et son sourire jovial, Eric « Badlands » Booker est un athlète d'élite torturé par une ambition : progresser dans la hiérarchie de la Fédération internationale de Compétition alimentaire (FICA), dont il occupe actuellement la 21e place.

L'alimentation sportive est une discipline relativement récente. Son principal handicap est qu'elle tarde à attirer de gros sponsors : seuls les cinq ou six meilleurs mondiaux peuvent prétendre au statut de mangeur professionnel. Parmi ces derniers figure la bête noire de Booker : Tonya Lee-Fadok (38 ans ; 45 kilos pour 152 cm), de son vrai nom Lee Sun-Kyung. Une minuscule Sud-Coréenne ayant émigré aux États-Unis en 1996 et qui a su développer ses aptitudes naturelles dans un pays où la sur-consommation constitue un passe-temps national.

Tonya a créé la sensation dès ses débuts sur le circuit de la FICA en 2007 : non contente de s'imposer comme une redoutable compétitrice à la technique de déglutition très sûre et à la concentration sans faille, Lee-Fadok a révolutionné l'image de la femme à table. Partout où elle passe, les gens assistent sidérés au spectacle de cette petite asiatique qui surclasse ses adversaires en repoussant toujours plus loin les limites du corps humain. La native de Séoul a battu tous les records : en 2008, à Chicago, elle a ingurgité 552 huîtres en 10 minutes ; en 2010, à Fort Lauderdale, elle a englouti 5 kilos de cheesecake en neuf minutes ; à Boston, en 2016, il lui a suffi de six minutes et quarante secondes pour gober 65 œufs durs, son plat préféré.

Meilleure athlète féminine et quatrième au palmarès officiel de la FICA tous sexes confondus, Lee-Fadok est une star dont on guette les apparitions. Sur le plan personnel, Tonya mène une vie discrète dans un quartier tranquille de San Diego : on ne lui connaît aucune relation sentimentale sérieuse. Son surnom (« *la mante religieuse* »), ainsi que ses déclarations (« *J'aime tuer les hommes* ») ont probablement découragé certaines vocations romantiques, car la championne ne manque pas de charme, ni de groupies. Ainsi remarque-t-on, lors des compétitions, la présence au premier rang d'un sexagénaire vêtu d'un pantacourt moutarde et d'un tee-shirt assorti sur lequel on lit :

TONYA : VEUX-TU M'ÉPOUSER ?

*****

Booker, quant à lui, n'est plus au top : bientôt, son corps dira stop. On devine qu'il vieillira mal et que son organisme ne pourra pas supporter indéfiniment l'entraînement intensif auquel il s'astreint. Pour rester dans le coup, il répète chaque jour les mêmes exercices dans le but d'augmenter sa capacité gastrique. Soir et matin, il ingurgite d'un trait 3 litres d'eau et se force à mâcher, des heures durant, d'énormes chewing-gums afin de renforcer ses maxillaires. Question préparation mentale, Eric affiche par contre un certain scepticisme : il n'ignore pourtant pas que les leaders mondiaux de la discipline, Joey Chestnut et Matt Stonie, ont régulièrement recours à la sophrologie pour mieux domestiquer leurs sphincters œsophagiens.

Nullement attiré par cette approche ésotérique, Eric privilégie une philosophie plus terre-à-terre de la vie en général et de son sport en particulier : saisir un plat après l'autre, avaler plusieurs gorgées à la fois, avoir constamment faim et s'exercer sans cesse. Ainsi espère-t-il vaincre un jour celle qu'il surnomme «la veuve jaune» : Tonya Lee-Fadok, cette petite femme aux tresses peroxydées qui l'a humilié à deux reprises, provoquant un cataclysme dans le milieu des mangeurs de compétition. Les experts l'ont dit et répété : que l'on pèse 45 ou 250 kilos, la taille de l'estomac reste la même. Eric redouble donc d'assiduité à l'entraînement, poussant ses viscères à tolérer des volumes de plus en plus importants qu'il s'efforce d'avaler dans des délais de plus en plus courts : le lundi, par exemple, c'est Sprite Cranberry.

Sur une vidéo de six minutes, visionnée treize millions de fois sur Youtube, on voit Eric «Badlands» Booker jouer le rôle principal d'une scène tournée en plan fixe dans la cuisine modestement équipée de son pavillon de banlieue : la qualité médiocre de l'image accentue encore la pauvreté du décor. Face à la caméra, notre héros apparaît conscient des difficultés qui l'attendent :

– Le challenge parle de lui-même, annonce Eric, en guise d'introduction.

Douze cannettes de 33 centilitres, cela représente quatre litres de Sprite Cranberry qu'il s'est promis d'ingurgiter en moins de deux minutes. À cet effet, il répartit également leur contenu dans deux énormes récipients de verre en forme de bottes de cow-boy. Confronté à la vision de ce breuvage pétillant de teinte rose, on réalise que personne ici-bas ne sait à quoi ressemble réellement une canneberge, ce fruit qui n'est plus consommé que sous forme liquide. En créant cette petite baie acidulée, le Seigneur avait-il d'autres ambitions que de donner des couleurs à la limonade ?

Un chronomètre apparaît en surimpression alors que Booker se saisit du récipient situé à sa droite et fait disparaître son contenu en un temps correct : 22 secondes. Puis, sans cesser de fixer la caméra d'un œil morne, il ouvre grand la bouche et rote très fort sur un mode *crescendo* qui résonne dans la pièce. Cette fantaisie lui coûte 8 secondes, mais Eric n'en a cure : ces prodigieuses éructations constituent sa marque de fabrique, à tel point que les mauvaises langues prétendent qu'il a bâti sa légende sur du vent. Son empreinte carbone demeure difficilement quantifiable : mais certains écologistes lui reprochent de contribuer à la dissémination des gaz à effet de serre.

Le rot s'impose aussi comme une manœuvre stratégique qui offre un répit bienvenu à son estomac. Au sein de ce dernier, un maigre espace s'est libéré : il reste encore deux litres de Sprite à ingurgiter, alors que le chronomètre tourne désormais depuis 46 secondes. Son crâne chauve luisant d'une fine pellicule de sueur, Booker éructe de plus belle avant de prendre la parole, d'une voix que le reflux d'acide citrique rend rauque :

– Souhaitez-moi bonne chance les gars, dit-il en s'emparant du second vase : la deuxième mi-temps commence !

Les connaisseurs redoublent d'attention ; en général, tout se joue entre la fin du troisième litre et le début du quatrième. Mais d'emblée on voit que les choses se présentent mal pour notre champion dont les parois gastriques se révoltent. Ses gorgées se font moins franches et sa respiration plus saccadée. La boisson se défend en recourant aux artifices de la guerre chimique : d'immenses quantités de gaz carbonique agressent les muqueuses de Booker, qui s'accroche tandis que le récipient semble aux trois quarts vide. Mais, alors que l'on pense que le plus dur est fait et que le chronomètre indique 1 min 18 sec, coup de théâtre : Eric craque. Le visage grimaçant de dégoût et d'amertume, il est forcé d'interrompre sa déglutition et considère d'un œil incrédule les sept décilitres de liquide rose qui tapissent le fond de l'énorme vase.

Cruelle déception : mais pour Booker ce n'est ni la première ni la dernière. En compétiteur aguerri, il ne laisse pourtant rien paraître de ses émotions. Afin de rassurer ses fans et leur montrer qu'il garde le moral, il rote un peu, *mezzo forte* cette fois-ci, tout en adressant un clin d'œil à la caméra pour la forme ; mais on voit bien que le cœur n'y est plus, d'autant que, dans le coin supérieur gauche de l'écran, le chronomètre affiche désormais 1 min 32 sec. On entre alors dans le *money time*, cette phase critique au cours de laquelle seuls les très grands champions trouvent les ressources mentales suffisantes pour repousser les limites de la physiologie humaine. Hélas ! Il faut bien l'avouer : arrivé au crépuscule de sa carrière, notre héros ne fait plus partie de cette catégorie d'athlètes d'exception.

« Dans la victoire, ce n'est pas le triomphe qu'on recherche, mais le soulagement », affirmait le footballeur brésilien Pelé. Ce sentiment prédomine dans l'esprit d'Eric quand, au terme d'une minute et cinquante-cinq secondes d'un effort prodigieux, il parvient au bout de son défi. Quatre litres de Sprite, 500 grammes de sucre et plus de 2000 calories ; suffisamment d'énergie pour assurer la survie d'un être humain durant 24 heures. Quant à notre héros, il affiche une certaine lassitude ; à vrai dire, il en a marre de ces vidéos idiotes. Booker devine que ses chances de battre Tonya Lee-Fadok s'amenuisent inexorablement. Il devra affronter la petite asiatique le 4 juillet prochain à Coney Island lors de sa dernière compétition de hot-dogs. Mais Eric trouvera-t-il les ressources pour laver l'affront subi en 2007 ?

*****

Tout comme les Africains survolent les épreuves de marathon, les Asiatiques (les Japonais chez les hommes et les Coréennes chez les femmes) dominent le classement de la FICA. De nombreux experts se sont penchés sur cette énigme : les meilleurs spécialistes de l'alimentation sportive (on pense ici à des légendes comme Hirofumi Nakajima dans les années 1990 ou Takeru « Tsunami » Kobayashi par la suite, sans oublier Miki Sudo chez les féminines) affichent un gabarit modeste et pèsent moins de 60 kilos. Professeur de nutrition à l'Université du Maryland, Mark Cantor propose une explication de nature physiologique : les Asiatiques disposeraient de sphincters œsophagiens plus efficaces et plus souples, ce qui empêcherait l'excès de nourriture de remonter à la surface.

Vomir : telle est la hantise des mangeurs de compétition. Pour ces derniers, cela constitue le principal danger, puisque le règlement de la FICA est clair : toute forme de régurgitation est sanctionnée par l'élimination immédiate du concurrent. Dans le milieu, le sujet demeure tabou ; pour évoquer l'incident, les sportifs ont recours à des formules alambiquées. Certains parlent de «retour de balancier», alors que les hispanophones privilégient le terme de «*remontada*». Richard Shea, le Président de la FICA, préfère utiliser un message codé : «*Elvis a quitté la baraque*».

Officiellement, Tonya Lee-Fadok n'a jamais vomi : elle admet pourtant qu'elle a failli régurgiter à Chicago en 2005, après avoir établi son record de 552 huîtres avalées en 10 minutes. La championne n'aime pas évoquer l'incident. Elle recourt à la langue de bois :

– Ça arrive, même aux meilleures : surtout quand on déteste les huîtres, ce qui est mon cas.

Chauvin jusqu'à l'excès, le public américain apprécie peu de voir ses favoris systématiquement défaits sur leurs terres par les candidats Nippons. Émise au départ par certains groupuscules suprématistes blancs, l'hypothèse fut relayée ensuite sur Facebook : les Japonais étaient des tricheurs qui triomphaient à l'aide d'une seconde poche gastrique implantée en Chine. Il existait à Beijing, disait-on, un hôpital spécialisé dans ce type d'intervention. Face à la polémique grandissante, le directeur médical de la FICA diffusa un communiqué officiel afin de calmer les *aficionados* et tordre le cou aux ragots :

– Tricheurs, les Japonais ? Jamais de la vie ! J'ai très bien connu Nakajima et je peux vous assurer du contraire. Tout comme Kobayashi, d'ailleurs. Je le répète : nos champions ne sont pas dopés. Personne n'a deux estomacs : pas même Tonya.

La première compétition d'alimentation sportive eut lieu le 12 avril 1916 en Floride. L'épreuve, prévue à la façon d'un match de boxe en onze reprises, opposa Ping Bodie (de son vrai nom Francisco Pizzola, un joueur de baseball des New York Yankees) à Percy, une autruche considérée à l'époque comme la plus grosse mangeuse de spaghettis du monde. Organisé par la Chambre du Commerce de Jacksonville, le combat se déroula à guichets fermés devant 6 000 spectateurs surexcités. Chaleureusement applaudis par leurs supporters respectifs,

Pizzola et Percy firent leur entrée sur le ring à 20 heures précises. Toutes les conditions semblaient réunies pour qu'on assiste à un affrontement mémorable. Hélas! il n'y eut pas de véritable suspense, tant la supériorité de l'Italo-Américain apparut évidente à la bascule du cinquième round, lorsque l'oiseau regagna son coin en titubant. Les flancs de l'animal révélaient les signes d'une extrême tension et le bruit courut dans la salle que son abdomen pourrait exploser avant la fin du match. L'autruche fit de la résistance, puis s'effondra après son dixième plat de spaghetti, pour ne plus se relever; la rumeur fit état d'une péritonite généralisée ayant causé le décès durant la nuit. Le joueur de baseball fut porté en triomphe par ses supporters jusqu'à la gare routière où l'attendait un bus à destination de New York. Ballotté en tous sens par la foule en délire, Pizzola pâlissait à vue d'œil: son estomac protestait contre les secousses occasionnées par le trajet. Arrivé à proximité du terminus, le joueur de baseball exigea qu'on le dépose à terre. Consterné, le public dut alors se rendre à l'évidence: Elvis avait bel et bien quitté la baraque.

Forte de cette longue tradition, l'alimentation sportive tend à se professionnaliser. Retransmises en direct sur ESPN, les grandes épreuves se déroulent dans des stades pouvant accueillir vingt mille spectateurs. Les gens s'identifient volontiers aux champions puisque chacun sait ce que manger un hot-dog signifie. Par conséquent, tout le monde peut apprécier à sa juste valeur l'exploit que représente l'absorption, en moins de 10 minutes, d'une cinquantaine de sandwiches fourrés de viande de boeuf, les saucisses de Nathan étant garanties *kosher*.

Le hot-dog n'est pas la tasse de thé d'Eric: notre héros n'a jamais vraiment pu maîtriser la «Méthode Salomon». Cette technique consiste à empoigner la saucisse de la main gauche, tout en se servant de la droite pour découper le pain en deux parts égales qu'on trempe dans un verre d'eau: ainsi la mie se transforme-t-elle en une sorte de bouillie épaisse qu'on ingurgite au plus vite, alors que la main gauche se saisit déjà de la prochaine saucisse. Mise au point en 2000 par Kazutoyo Arai, le procédé fut ensuite perfectionné par le plus grand champion de l'histoire de ce sport: Takeru Kobayashi, sextuple vainqueur du *Nathan Hot Dog Contest*. Épreuve mythique, véritable Prix d'Amérique de la saucisse.

Quand il repense à sa carrière, Eric pourrait évoquer ses nombreux records du monde dans la catégorie burritos ; mais en vérité, la déception prédomine. Il n'a toujours pas digéré l'affront subi le 4 juillet 2007 à Coney Island. Notre héros se souvient de ce concours qui marqua un tournant décisif dans son existence :

– Cette année-là, Kobayashi avait dû déclarer forfait en raison d'une vieille blessure à la mâchoire. Quant à moi, j'étais plus jeune et en pleine possession de mes moyens. Je faisais figure de grand favori.

Booker devait affronter en finale une concurrente inconnue : une minuscule asiatique qui avait fait forte impression lors des épreuves éliminatoires. Tonya Lee-Fadok, ne semblait craindre personne et surtout pas Eric, bien qu'il affiche 141 kilos de plus qu'elle sur la balance.

Quinze mille spectateurs s'étaient massés devant le podium où devaient se mesurer les deux athlètes aux morphologies si différentes. Le public américain était persuadé que, vu son gabarit, son champion l'emporterait sans peine : sa victoire mettrait fin à une décennie de domination asiatique dans la discipline. Cependant Lee-Fadok, du haut de ses 159 cm, démontra toute sa science de la déglutition en avalant 46 hot-dogs durant le temps imparti, soient 12 minutes. Tonya ne fit qu'une bouchée d'Eric qui, vaincu par le trac, dut se contenter de 28. Alors qu'on égrenait les dernières secondes d'un duel dont le résultat ne faisait plus aucun doute, un évènement stupéfiant se produisit : le corps de la Coréenne se mit soudain à tanguer sous l'effet d'une houle gigantesque issue du tréfond de ses entrailles. Les sphincters de Lee-Fadok avaient lâché ! Les patriotes américains rugissaient d'un plaisir anticipé : Elvis n'allait plus tarder à quitter la baraque.

Selon le règlement de la FICA, Tonya devait être disqualifiée et Booker déclaré gagnant. Mais le jury hésitait : certes, la Coréenne avait régurgité, mais elle avait eu le réflexe de placer sa main droite devant la bouche. Sous l'effet de l'alcool et de la chaleur, le public commençait à s'agiter et beuglait : « USA ! USA ! USA ! », espérant ainsi influencer la décision des officiels de la FICA. Les rumeurs les plus folles circulaient dans la foule : Booker avait succombé aux pressions de la mafia ; les hot-dogs de Nathan étaient fabriqués en

Corée du Nord; Lee-Fadok était une espionne communiste; les vidéos montrant le dégueulis avaient été confisquées par le FBI. Certains supporters prétendaient avoir vu une fine projection de chair à saucisse à travers la narine gauche de la concurrente asiatique. Leur témoignage fut considéré comme peu crédible ; dans son édition du lendemain, le *New York Times* parlait déjà de complotisme.

Le jury exigea de revoir les images au ralenti ; hélas, le cameraman officiel avait dû être évacué sur une civière suite à sa tentative de filmer en gros plan les finalistes. Le pauvre homme s'était évanoui après que Booker, dans une ultime et terrifiante éructation, avait propulsé dans sa direction un abominable tsunami aux relents d'oignons frits.

Lee-Fadok fut finalement déclarée vainqueur, au prétexte qu'Elvis n'avait pas réellement quitté la baraque : de plus, l'incident s'était produit au-delà des 12 minutes du temps réglementaire. Décision fort discutable, on en convient ; pourtant, Eric préféra ne pas envenimer davantage la polémique. Interrogé par les nombreux journalistes sportifs présents, il fit preuve de son fair-play habituel :

– Je n'ai rien vu, à vrai dire, car j'étais concentré sur mes hot-dogs... mais je fais confiance aux juges... *(reprenant péniblement son souffle)* Je tiens aussi à féliciter Tonya. Aujourd'hui, il n'y avait rien à faire contre elle...

La remise du trophée se déroula sur une vaste estrade surmontée d'un gigantesque panneau publicitaire à la gloire de la franchise Nathan (« *WORLD FAMOUS FRANKFURTERS SINCE 1916* »). Souriante quoique légèrement ballonnée, Tonya posait pour les photographes aux côtés du Président délégué de Pepto-Bismol, sponsor principal de l'épreuve. À l'arrière-plan, une affiche récapitulait les noms des précédents triomphateurs :

2006 : Kobayashi	2005 : Kobayashi
2004 : Kobayashi	2003 : Kobayashi
2002 : Kobayashi	2001 : Kobayashi
2000 : Kazutoyo Arai	1999 : Steve Keiner
1998 : Hirofumi Nakajima	1997 : Hiro Nakajima
1996 : Hiro Nakajima	1995 : Kazutoyo Arai

Pendant ce temps, au pied du podium, un sexagénaire ivre de bonheur retrouvait petit à petit ses esprits : les mains jointes sur la poitrine en une prière muette, il levait au ciel des yeux mouillés d'allégresse. Son pantacourt moutarde était souillé d'un fin jet de saucisse de bœuf, alors qu'au dos de son T-shirt on pouvait lire :

TONYA : SI TU M'ÉPOUSES,
TU POURRAS MANGER CE QUE TU VEUX

Communiqué de presse : *Des informations aussi inquiétantes que contradictoires circulent concernant l'état de santé d'Eric Badlands Booker. Que ses supporters se rassurent, Eric va bien : il a néanmoins décidé de mettre fin à sa carrière. La FICA souhaite rendre hommage à cet immense champion qui laisse le souvenir d'un leader charismatique doublé d'un compétiteur à l'appétit féroce. Toujours détenteur de huit records du monde, Booker demeure, aux yeux du public américain, le plus gros mangeur de burritos de tous les temps.*

TROISIÈME PARTIE

SOIF de SOLUTIONS

« *Si un étranger te demande de l'eau, donne-lui du lait* ».
Proverbe iranien, 1778

10. HARA HACHI BU

Réputée intransmissible, l'obésité se propage néanmoins à la manière d'une pandémie : les êtres humains n'en mourront peut-être pas tous, mais tous seront frappés... Tous ? Non ! 125 millions d'irréductibles Nippons résistent encore et toujours à la maladie. Affichant un taux d'obésité de 3 %, le Pays du Soleil levant fait figure d'exception et prouve qu'il est possible d'échapper à la malédiction ; au Japon, les obèses sont cinq fois moins nombreux qu'en France, dix fois moins qu'aux États-Unis et quinze fois moins que dans les îles du Pacifique. Mais quel est le secret de ces valeureux Nippons ? Comment font-ils pour triompher du terrible péril ? La réponse tient en deux mots : *hara hachi bu* (modération) et *washoku* (tradition).

Tradition *N. fém :* Manière de faire, de penser ou d'agir, qui constitue un héritage du passé. *Exemple :* Baguette tradition.

Le *washoku* se présente comme un art de vivre doublé d'une philosophie : les Japonais expriment leur amour de la nature au travers de la nourriture. Reposant sur une pratique millénaire, la gastronomie nipponne obéit à des impératifs stricts sur lesquels nul ne transige. Les citoyens du Pays du Soleil levant chérissent leurs coutumes et se battent pour les préserver : plus encore, ils souhaitent les faire connaître au monde entier. Ainsi, depuis 2013, le *washoku* est-il inscrit au patrimoine culturel immatériel de l'humanité.

Soumis à l'UNESCO en 2011, le dossier des autorités japonaises mettait l'accent sur les principales caractéristiques du *washoku* : 1) le recours à une grande variété d'ingrédients frais, préparés dans le respect de leur saveur propre ; 2) la célébration de l'*umami*, le cinquième goût fondamental, à partir du *miso,* condiment issu de la fermentation du soja ; 3) l'illustration, grâce à la nourriture, de la beauté de la nature et du rythme des saisons ; 4) la conservation d'un environnement sain, tant sur le plan social qu'écologique ; et 5) la nécessité de partager les repas en famille ou avec des amis, en prenant le temps de profiter des mets.

En cela, les Nippons font preuve de bon sens : la façon de manger représente une richesse culturelle. Une nation se définit par un ensemble de valeurs dont la gastronomie fait partie intégrante. Certains leur reprocheront un certain conservatisme : protéger les traditions, fussent-elles alimentaires, semble aujourd'hui passé de mode. Pourtant, cette philosophie dissimule un message écologique : les denrées issues d'une production locale sont mieux adaptées aux besoins de la population indigène. Et en retour, les habitants ajustent leur métabolisme à ce type de nourriture.

Modération, *N. fém :* Comportement éloigné de tout excès. *Syn :* frugalité, sobriété, tempérance.

De prime abord, la cuisine japonaise impressionne le touriste occidental par la modestie des rations et le petit diamètre des assiettes. Pour éviter de trop manger, les Japonais respectent un vieux précepte confucéen : 腹八分目 ou *hara hachi bu*. Ce dernier consiste à interrompre le repas lorsque l'estomac est aux trois quarts plein. Les fidèles récitent le *hara hachi bu* à la façon d'un mantra : leur frugalité sera récompensée par une digestion plus courte et une activité postprandiale supérieure. Comme dit le proverbe : *I no hifu no sutoretchi, me no hifu no tarumi.* Quand la peau du ventre se tend, les paupières s'affaissent.

On connaît la méfiance des Japonais à l'égard du brassage des populations et de l'immigration. Critiquable par bien des aspects, cette politique comporte aussi des avantages : elle garantit un meilleur contrôle des frontières et permet de limiter les importations de marchandises étrangères. « Merci, mais non : sans façon. Vous ne serez jamais les bienvenues ici » : tel est en substance le message, poli mais ferme, que l'Empire du Soleil levant adresse aux multinationales anglo-saxonnes désireuses de s'implanter sur son territoire. Fiers de leurs traditions et craignant comme la peste le mode de vie occidental, les Nippons considèrent que ce qui vient de l'étranger est inférieur à ce qui est produit sur place. Selon eux, la mondialisation heureuse représente un leurre : c'est pourquoi leur pays a pu, mieux que nul autre, préserver sa spécificité culinaire.

Selon les statistiques publiées par l'OCDE en 2016, le Japon est la nation du G7 qui compte le plus grand nombre de fumeurs (30 % de la population active) et où pourtant l'espérance de vie atteint des records : 87 ans pour les femmes et 81 ans pour les hommes. Entre

1975 et 2015, tous les habitants de la planète ont pris du poids, à l'exception des Japonaises, dont l'IMC moyen (égal à 22) n'a pas bougé d'un iota depuis cinquante ans. Le Pays du Soleil levant est aussi celui où l'on consomme le moins de sucre : 27 kilos par an et par habitant, contre 40 kilos en France, 50 kilos en Allemagne et 60 kilos aux États-Unis. Surtout, le Japon reste le seul endroit sur la planète où les gens mangent de moins en moins : entre 1946 et 2011, les apports énergétiques quotidiens sont passés de 1,903 à 1,840 calories. Il existe donc une véritable exception nippone, qui s'appuie sur deux piliers. La société, d'une part, chargée d'assurer le contrôle de l'environnement alimentaire ; les individus, d'autre part, qui assument la responsabilité de leur comportement vis-à-vis de la nourriture.

Washoku et *hara hachi bu,* tradition et modération ; telle est la recette gagnante pour lutter efficacement contre l'obésité. Mais ces principes sont-ils applicables en Occident ? Peut-on attendre des citoyens européens qu'ils respectent la même discipline ? Il est permis d'en douter : le *washoku,* en particulier, semble difficile à exporter, puisque la plupart des nations privilégient une démarche inverse en se soumettant aux injonctions de l'Organisation mondiale du Commerce.

*****

Reste la question du *hara hachi bu* : comment convaincre les Occidentaux de faire preuve de sobriété à table ? Une modification du comportement de la population semble difficile, voire impossible. Adoptées très tôt dans l'existence, certaines habitudes deviennent impossibles à corriger à l'âge adulte. Les velléités individuelles pèsent peu en regard de la puissance de l'industrie agro-alimentaire ; les propriétés addictives des aliments transformés ont définitivement conquis le cœur et les estomacs des consommateurs. C'est du moins ce que suggère Florence Aubenas dans « *La méprise* », l'ouvrage qu'elle a consacré à l'affaire d'Outreau.

Par-delà le contexte judiciaire, la journaliste décrit les conditions de vie des résidents d'une banlieue pauvre du Pas-de-Calais. Dans les années 1970, observe-t-elle, les quartiers accueillaient une population de cheminots : la SNCF offrait à chaque travailleur un lopin de terre dans des jardins ouvriers situés en bordure de voie ferrée. Libre à chacun de s'en occuper comme il l'entendait. Or, les habitants actuels d'Outreau n'éprouvent aucune envie de cultiver le sol. Le prêtre de la paroisse s'efforce pourtant de faire pousser quelques courgettes, des haricots verts et des salades, mais c'est peine perdue. Dans le quartier de la Tour-du-Renard, plus personne ne consomme de légumes frais, comme en témoigne cette mère au foyer :

– On lui dit bien au curé de se les manger tout seul ses tomates, ses potirons et d'autres choses qu'on ne sait même pas ce que c'est. Je les jette dès qu'il tourne le dos.

Les jours où le frigidaire est vide, la jeune femme se résout à en faire une soupe :

– Je mixe tout : comme ça on sent moins le goût. Ça ne vaut pas les raviolis, quand même.

Lorsque l'argent vient à manquer et que les habitants d'Outreau ne parviennent plus à joindre les deux bouts, ils s'approvisionnent à l'épicerie sociale de Boulogne-sur-Mer. Or, personne n'apprécie ce magasin qui distribue des denrées ne correspondant plus aux désirs des gens :

– Au début, ils refusaient même de nous vendre du Coca-Cola ; par principe, qu'ils disaient. En plus, ils veulent toujours qu'on achète des trucs à préparer, pas du tout prêt.

Les commerçants d'Outreau réalisent l'essentiel de leurs bénéfices le 5 du mois, date à laquelle les ménages touchent les allocations. Dans les HLM, on célèbre l'événement avec beaucoup de bière pour les adultes. Quant aux enfants, ils ont droit à la collation des grands soirs : une canette de soda, un paquet de chips et un cornet de bonbons. *Yokubō no fukuro ni wa soko ga na.* Le sac des désirs n'a pas de fond.

*****

La stratégie japonaise s'appuie sur une double prise de conscience, à la fois individuelle et collective. Le maintien d'un poids normal nécessite un effort tant de la part du gouvernement que des citoyens. On exige de ceux-ci une forme de discipline dans la manière de s'alimenter. Condition *sine qua non*, mais qui reste pourtant insuffisante, car comme l'affirment les auteurs d'une tribune publiée dans Le Monde : « *Faire reposer la lutte contre l'obésité sur la seule responsabilité des individus est une ineptie* ». Les autorités de santé publique doivent donc également assumer leurs obligations vis-à-vis de la population, en protégeant cette dernière des pièges de la malbouffe.

Vaste programme ! Le combat s'annonce ardu : il sera compliqué de modifier l'attitude des particuliers. Qui saura convaincre les habitants de la Tour-du-Renard de faire preuve de modération, à défaut d'embrasser la discipline du *hara hachi bu* ? Comment les persuader que le *washoku* représente un projet révolutionnaire ? Car comme l'expliquait Margaret Chan en 2013 : « La promotion d'un mode de vie saine ira à l'encontre des avantages de puissants acteurs économiques ». La patronne de l'OMS précisait sa pensée ainsi : « Il ne s'agit plus seulement du tabac, mais aussi de l'industrie agroalimentaire et de celle des boissons sucrées qui tâcheront de se prémunir des tentatives de régulation par des techniques éprouvées. En raison de l'absence de volonté politique de s'attaquer aux dits intérêts, nul pays n'a jusqu'ici réussi à inverser l'épidémie d'obésité ».

Il faudra que nos dirigeants prennent des décisions fortes et légifèrent. Laisser les choses en l'état serait une erreur ; le pire pourrait survenir. Des signes avant-coureurs indiquent que la santé des populations occidentales est en danger : l'espérance de vie aux États-Unis a cessé de progresser en 2014, et recule depuis 2017. Les Japonais en sont bien conscients, car comme dit le proverbe : *saru mo ki kara ochiru*. Même les singes tombent des arbres.

Mais que se passe-t-il lorsqu'une nation tente de réagir et entreprend d'inverser la tendance ? En quoi consistent ces « techniques éprouvées » auxquelles l'industrie agro-alimentaire recourt afin de « se prémunir des tentatives de régulation » ? Pour répondre à ces questions, dirigeons-nous à nouveau vers la Polynésie. Rejoignons une dernière fois le paradis des pharmacies.

11. SAMOA

Libre-échange. Déf: noble principe en vertu duquel bien des crimes furent commis. *Exemple*: « Ceux-ci risquent de voir leurs intérêts vitaux sacrifiés sur l'autel du libre-échange qui n'est rien d'autre qu'un tremplin pour les ambitions impérialistes des gros cartels américains » (*Travaux du Parlement européen, 9 mars 1999*).

*****

Appelé aussi croupion ou bonnet d'évêque, le cul de la dinde figure rarement à la carte des grands restaurants: on le considère en général comme impropre à la consommation. La partie caudale du volatile abrite en effet les glandes uropygiennes qui sécrètent l'huile servant à lustrer les plumes: le contenu de ces glandes procure à la chair un goût très désagréable. Le morceau de viande forme un polyèdre régulier à base concave, pesant une centaine de grammes et distribué de part et d'autre des dernières vertèbres sacrées. Dans le registre économique, il s'apparente à un casse-tête: que faire de ces abats trop amers et trop gras, dont même les Chinois ne veulent pas?

Les citoyens américains, eux, ne souhaitent pas entendre parler du cul des animaux. 200 millions de croupions semblent par conséquent destinés à terminer leur existence dans des conserves pour chiens. Or, on ne veut envisager cette option qu'en derniers recours, tant les profits de la filière sont maigres.

Chaque Occidental consomme durant son existence une tonne de dinde. Pourtant, très peu de citadins ont eu l'opportunité d'apercevoir un jour la bestiole vivante. Les volailles sont domiciliées à distance des agglomérations, dans de vastes fermes interdites aux visiteurs où l'innovation technologique a établi son nid: des manipulations génétiques ont permis la sélection, à partir de la race domestique originelle (*Meleagris gallopavo*), de gallinacés à la poitrine et aux cuisses plus dodues et donc plus rentables. Les bêtes bénéficient en outre d'une alimentation enrichie en hormones de croissance afin qu'elles engraissent plus vite pendant leur court passage (quatre mois) sur notre planète. Arrivée à maturité, la dinde moderne pèse treize kilogrammes. Hélas, les mâles aussi ont pris du poids : le dindon actuel se trouve incapable de copuler pour des raisons anatomiques. Les exploitants (la mort dans l'âme, car cela coûte cher) se sont résolus à inséminer artificiellement les femelles, privant ces dernières d'une activité physique préalablement appréciée, pour autant qu'on puisse en juger.

Dans les bureaux de la Food and Drug Administration, les fonctionnaires fédéraux de Washington se sont penchés sur la question : comment se débarrasser des croupions ? À la vue des analyses du laboratoire, les experts sont demeurés perplexes : non seulement ce morceau de viande sentait mauvais, mais il contenait davantage de lipides que la mayonnaise belge. Impossible donc de faire croire aux Américains que le popotin de dinde représentait un aliment équilibré ; de plus, sa localisation présacrée parlait en sa défaveur, vu le regain de puritanisme que connaissait la société. Restait une solution : trouver un pays lointain, peuplé d'habitants assez riches pour acheter de la nourriture made in USA, mais trop pauvres pour que leur santé préoccupe l'opinion publique occidentale.

– Une île du Pacifique, ça serait parfait, non ?

Les Américains comptent de nombreux alliés dans le vaste espace maritime qui sépare Hawaï de l'Australie : Fiji, Guam, Nauru, sans oublier les îles Marshall, où furent effectués les premiers essais de la bombe à hydrogène. Bien que situés à 5000 kilomètres de Los Angeles, ces territoires dépendent des États-Unis qui leur fournissent des produits de première nécessité et garantissent la sécurité. Cela dit, il faudrait être inconscient pour envahir ces îlots, vu le caractère belliqueux des indigènes. Ainsi, les Samoans ; ces derniers savent se montrer charmants, fidèles en amitié et doux comme des agneaux, à condition qu'on ne les énerve pas. Problème : les Samoans sont très souvent énervés, avec un pic hebdomadaire le samedi soir, à la sortie des bars.

D'une superficie identique à celle de la Réunion, Samoa est un petit pays où tout le monde se connaît. L'île est peuplée de 200 000 autochtones qui considèrent la pêche comme une activité pénible dont les résultats aléatoires conviennent mieux aux aspirations des touristes australiens. Les vrais Samoans, eux, ne mangent pas de poisson : leur prestige se mesure plutôt à la cylindrée des motocyclettes et à leur consommation de viande importée des États-Unis. Pour les experts de la FDA, il n'y avait aucun doute : Samoa représentait l'endroit rêvé pour écouler les croupions de dinde.

Les Samoans ont toujours été des gens costauds, aux gabarits très appréciés sur les terrains de rugby. Mais il a fallu attendre les années 1990 pour que l'obésité devienne un problème de santé publique sur leur territoire ; aujourd'hui, 90% des résidents de l'île sont en surpoids et 25% sont diabétiques. Dans ce pays, les bas morceaux de volaille furent accueillis avec enthousiasme par la population. En 2003, les États-Unis exportèrent 4 millions de kilos à destination du Pacifique : chaque Samoan en consommait 20 kilogrammes par an.

Les croupions appartiennent désormais au patrimoine culinaire de l'île et les recettes sont légion. Bien sûr, c'est gras, très gras : mais n'est-ce pas cela, justement, qui confère à la chair son goût si subtil ? Pour quatre personnes, les derrières de dinde à la mode Adobo se mijotent de la façon suivante : mélanger dans une cocotte un kilo et demi de viande, du soja, deux décilitres d'eau, du vinaigre, de l'ail et du poivre. Faire bouillir à feu doux pendant 45 minutes, puis laisser reposer et attendre que la graisse remonte à la surface. Il s'agira par la suite de griller la viande au barbecue pour donner du croquant avant de servir le tout accompagné d'une sauce relevée de piments doux et de gingembre. Un repas bon marché, puisque les morceaux en question se négocient à moins de deux dollars le kilo. Mais le vrai prix des croupions figure-t-il sur l'étiquette ?

Samoa avait conservé une structure de société traditionnelle où l'avis des aînés restait très respecté. Les vieux Samoans avaient vu leurs enfants, puis leurs petits-enfants engraisser en direct. L'épidémie progressait à une vitesse ahurissante au sein de la population insulaire ; en 25 ans, l'incidence du diabète avait été multipliée par 10, passant de 2% à 20%. Le taux d'obésité avait doublé, passant de 27% à 53% chez les hommes et de 44% à 77% chez les femmes. Deux tiers des adolescents samoans étaient en surpoids. Les adultes, rongés par la gangrène, l'insuffisance rénale et les crises cardiaques, mourraient de plus en plus jeunes.

Il fallait réagir ; les chefs de tribus se réunirent en concile avant de faire parvenir leurs recommandations au gouvernement. Au début de l'année 2007, la révolution diététique semblait en marche ; les autorités samoanes décidèrent de suspendre les importations de croupions. Une initiative banale en apparence, mais qui allait entraîner de surprenantes conséquences.

La colère grondait sur l'île de la prohibition. Le peuple samoan s'interrogeait : qu'allait-on bien pouvoir griller sur le barbecue, le dimanche après-midi, après le culte ? Pas du poisson, quand même ! Les croupions faisaient désormais partie de leur culture. Sans eux, la vie n'avait plus le même goût ; pour des raisons à la fois sentimentales et caloriques, on ne pouvait plus s'en passer. Un florissant marché noir fit son apparition ; les culs de dinde s'échangeaient sous les paréos. Les trois partis d'opposition réclamèrent la démission du gouvernement mis en place par le Premier ministre Sailele Malielegaoi. Quant à Leala'ilepule Rimoni Aiafi, la toute jeune députée de la circonscription de Faleata Ouest, elle exprimait sa colère dans les médias à l'encontre d'une décision faisant fi des légitimes aspirations des femmes samoanes. Certaines exigeaient une levée immédiate de l'embargo : « Sans quoi, nous n'hésiterons pas à défiler seins nus devant le Parlement » affirmaient les plus déterminées d'entre elles.

L'extrême droite exprima son désaccord en termes plus polis, mais pas moins pressants. Va'ai Kolone, l'influent chef du Parti pour la Protection des Droits de l'Homme (PPDH) redoutait (et l'avenir allait lui donner raison) que ses concitoyens ne puissent supporter ces restrictions, que surviennent des émeutes et qu'une économie souterraine du croupion se mette en place. Comble de malchance, le Seigneur choisit ce moment pour rappeler à lui le très pieux Malietoa Tanumafili qui présidait aux destinées de l'île depuis 1962. Suivant la tradition, la succession revint à son beau-fils, Tupua Tamasese Tupuola Tufuga Efi ; jeune et inexpérimenté en matière de politique étrangère, Tupua était mal préparé pour affronter une crise de cette ampleur. Quelle ne fut donc pas sa surprise d'apprendre que les États-Unis d'Amérique avaient déposé plainte contre Samoa auprès de l'Organisation mondiale du Commerce ! Selon les autorités de Washington, la prohibition des croupions de dindes contrevenait aux règlements internationaux : la question des croupions avait acquis une dimension planétaire.

Dans son bureau du palais présidentiel, Tupuola Tufuga Efi n'en menait pas large : la sonnerie du téléphone retentissait sans arrêt. Des communications provenant de cités lointaines, où le froid règne en hiver, raison pour laquelle les Samoans s'y aventurent rarement : Washington, Genève, Bruxelles, New York, entre autres. Mais aujourd'hui, l'appel provient de l'Arkansas. Au bout du fil, l'homme qui s'exprime se nomme Don Dalton ; c'est le patron de l'USAPEEC, le Concile américain pour l'Exportation d'Oeufs et de Volaille. « Ce qui se passe à Samoa en ce moment est très grave ; vous ne pouvez pas laisser faire cela sans réagir, Mister President ».

Don avait jusqu'ici réalisé un parcours sans faute à la tête de l'association. Grâce à lui, l'USAPEEC avait su gagner la confiance des fermiers et renouer des liens avec la Fédération nationale du Poulet et l'Office américain de l'œuf. En apprenant l'embargo sur les culs de dinde, Dalton avait été stupéfait :

– À vrai dire, j'ignorais que nous exportions des croupions vers Samoa. Je peux néanmoins vous certifier que cela résulte d'une requête des Samoans eux-mêmes ; jamais personne au sein de notre industrie n'a contraint quiconque à manger ce type de marchandise. Ceci concerne aussi les langues de canards et les pattes de poulets, d'ailleurs.

Manger des langues de canards ! Les journalistes présents dans la salle répriment un frisson d'horreur. L'un d'entre eux s'interroge :

– Les producteurs de volaille américains ne profitent-ils pas de la situation pour se débarrasser d'une viande impropre à la consommation domestique ?

Question cruciale, à laquelle Don répondit avec sa franchise habituelle :

– Je ne formulerais pas les choses ainsi… Disons que le croupion est à la dinde ce que le bacon est au cochon… la partie la plus grasse, certes… Mais qui sommes-nous, au fond, je vous le demande, hein, pour priver les gens de lard ?

– Et si nous n'exportions pas ces croupions vers Samoa, qu'en ferions-nous ?

– De la nourriture pour chiens, probablement : cela dit, permettez-moi de profiter de votre présence pour adresser un avertissement solennel à l'Honorable Tupuola Tufuga Efi. En tant que Président de l'USAPEEC et au nom des travailleurs américains, je condamne avec la plus grande fermeté la décision des autorités samoanes ; celle-ci contrevient en effet aux termes régissant le commerce mondial. Et permettez-moi d'avoir une pensée pour tous les exploitants de volaille de notre grande nation qui souffrent aujourd'hui de cet embargo injuste : je veux leur dire qu'ils peuvent compter sur le gouvernement des États-Unis, ainsi que sur la FDA, l'USAPEEC et l'USPEA pour défendre leurs intérêts et faire en sorte que le peuple samoan continue à manger le... euh... enfin, le croupion de nos dindes, quoi.

Le règlement de l'OMC s'appuie sur le principe de non-discrimination : les États membres s'engagent à ne pas traiter les biens importés différemment de ceux qui sont produits sur place. La prohibition se heurtait en outre à un autre impératif, d'ordre diplomatique : souhaitant rejoindre l'OMC, Samoa avait déposé son dossier de candidature en 1998. Le groupe de travail chargé d'examiner ladite candidature condamna sévèrement l'interdiction des croupions de dinde. Selon les experts de l'OMS, la démarche samoane ne reposait sur aucune donnée scientifique établie : « Comment imaginer, disaient-ils, que le retrait d'un seul aliment puisse avoir un impact significatif sur un problème aussi complexe que celui de l'obésité ? »

Les Samoans se retrouvaient confrontés à un dilemme : s'ils refusaient de manger des croupions, leur pays n'appartiendrait jamais à l'OMC. Le gouvernement de Tupua Tamasese Tupuola Tufuga Efi fut contraint de faire marche arrière et l'embargo fut levé en 2010. Pascal Lamy applaudit cette décision, avant de déclarer : « La demande d'accession de Samoa à l'OMC est un signe de confiance dans les valeurs de notre institution, ainsi que dans un vaste réseau d'échanges commerciaux qui permettront à ce pays de contribuer davantage à l'économie globale ».

Personne n'est dupe, bien sûr : Samoa n'apportera jamais rien à l'économie mondiale, hormis 200 000 estomacs à remplir. Le rapport final de l'OMC ne faisait pas mystère des exigences américaines : « Samoa s'engage à respecter les dispositions de l'OMC en matière de produits importés et de droits de douane... Samoa devra, dans les 12 mois suivant son accession, supprimer la prohibition touchant les croupions de dinde et des marchandises dérivées de ceux-ci... Durant la période de transition, une taxe de 300% s'appliquera aux importations de ces denrées... Ceci permettra au gouvernement samoan d'instaurer puis de développer des programmes visant à promouvoir un mode de vie plus sain ». La petite île du Pacifique avait trois ans pour modifier les habitudes de ses habitants, et entamer le difficile processus de sevrage du *mulpipi*, le nom que les locaux donnaient à cette friandise originaire des rives du Mississippi et dont ils ne pouvaient plus se passer.

*****

Fondée en 1959 sous l'appellation de Polynesians Airlines, Samoa Airways est une minuscule compagnie d'aviation qui, jusqu'en 2013, n'avait guère provoqué de vagues. À cette époque, Samoa Airways connut un bref moment de gloire planétaire lorsque son PDG, Chris Langton, annonça que l'entreprise allait adapter ses tarifs en fonction du poids des voyageurs. Chris avait remarqué que ses clients engraissaient à vue d'œil. De ce fait, ils exigeaient davantage d'espace à bord : pourquoi ne pas profiter de la situation pour révolutionner le mode de facturation du transport aérien ? Un nouveau slogan fut adopté :

FIDÈLES AMIS DE SAMOA AIRWAYS
! RÉJOUISSEZ-VOUS !
CHEZ NOUS 1 KILO = 1 KILO = 1 KILO

Le principe était le suivant : à l'embarquement, le passager et ses bagages étaient soupesés ensemble et le prix du billet établi sur la base d'un dollar par kilo. En l'espace de 6 mois, les profits de Samoa Airways bondirent de 20 %. La clientèle, selon Chris Langton, était ravie :

– Les gens qui pèsent 200 kilos savent qu'avec nous, ils bénéficieront de 200 kilos de confort.

Bien que porteuse d'une valise de 23 kilos, Apaula Kuresa n'a payé que 118 dollars pour prendre place à bord du vol Apia-Sydney de Samoa Airways. Puis, elle a embarqué dans un Airbus A350 à destination de Los Angeles. Comme beaucoup de Polynésiens de son âge, la jeune femme a été forcée d'émigrer aux États-Unis afin de poursuivre ses études. Nous avons retrouvé Apaula à San Diego, où elle a accepté d'évoquer la passion des Samoans pour les croupions de dinde :

– Il faut bien comprendre qu'il s'agit d'un plat familial, quelque chose qu'on ne mange qu'à la maison, ou à la plage avec des amis. Cette nourriture de confort rappelle le souvenir des bons moments partagés avec nos proches.

Le beau regard sombre de notre interlocutrice se perd dans la contemplation du paysage urbain qui l'entoure ; une modeste banlieue californienne où tout semble artificiel, en particulier la végétation. Seule présence humaine visible, un ex-agriculteur guatémaltèque s'affaire auprès d'un massif de thuyas. Kuresa a éprouvé d'immenses difficultés à s'habituer au mode de vie américain ; sa famille lui manquait trop. Six mois après son arrivée, elle a souffert d'une sévère dépression : mais grâce à Dieu et à la littérature, elle a repris le dessus. Elle écrit des poèmes qu'elle conserve dans un endroit secret et qu'elle espère lire un jour à ses parents, quand elle retournera sur son île. À moins qu'elle ne décide de s'établir pour toujours dans ce pays où les hommes font tant d'efforts pour être gentils, samedi soir compris. Trois ans après son arrivée en Californie, la jeune femme n'éprouve aucune nostalgie pour les *mulpipi* :

– De toute façon, ici on n'en trouve pas. Lorsque je résidais à Samoa, j'adorais ça, mais progressivement l'envie m'est passée. Cela ne fait plus partie de ma culture : mon univers actuel se base sur une nourriture différente. J'ai acquis d'autres repères, de nouvelles préférences et mes goûts reflètent désormais le monde dans lequel je vis. Comme si, en quittant mon île, j'avais laissé les croupions derrière moi.

*****

L'exemple de ces bas morceaux de viande qu'on exporte avec profit vers des destinations lointaines illustre une situation préoccupante : les gouvernements de la planète ont perdu la maîtrise de l'environnement alimentaire. Ils n'ont donc plus la capacité de protéger la population. Big Food a pris le pouvoir et ne compte pas le lâcher. En cas de conflit, les décisions se prennent au sein des grandes organisations et bénéficient presque toujours aux multinationales. Étouffées par les principes du libre-échange, les autorités politiques ne contrôlent plus le flux des denrées. Les individus se retrouvent abandonnés, face à une entreprise mondiale pour qui les impératifs de santé publique pèsent peu, en comparaison des dividendes de leurs actionnaires.

On le voit : toutes les conditions sont réunies pour que les habitants de la planète peinent à conserver un poids normal. Un vent mauvais souffle désormais à la surface du globe. Les kilos s'accumulent, les pèse-personnes s'affolent, l'obésité s'envole.

Les diététiciens se frottent les mains. Tout comme certains chirurgiens.

Douces îles antipodes aux noms pacifiques
Futuna, Tahiti, Fidji et Samoa
Dans un océan de sucre, vous flottez sans joie
Loin de Dieu, mais si proches de l'Amérique

Vos atolls pareils à des enclos métalliques
Ont beau scintiller : aucun poisson ne bouge
Dans ces murs de corail luisants d'infrarouges
Qui retiennent prisonniers vos diabétiques

Tels les monolithes géants de l'île de Pâques
Les lourds Micronésiens contemplent l'horizon
Où de gros cargos annoncent la livraison
De viandes grasses soldées en multipacks

On redoute le changement climatique
La montée des eaux, la pollution de l'air
Or, le vrai péril n'est pas thermonucléaire,
Mais un sirop qui rend le foie cirrhotique

Vos nobles tribus d'athérosclérotiques
Surnagent au milieu des pics de glucose
Alors que les docteurs cultivent, moroses
Un goût pour les urgences métaboliques

Pauvre Polynésie ; Ô, tristes tropiques !
Submergées sous le poids de l'obésité
Vous vous abîmez dans un océan de commodités :
Vous mourrez par empoisonnement amniotique

Apaula Kuresa McCarthy, San Diego, Mars 2017

12. 980 GRAMMES

Le peuple en avait soupé des mortelles convulsions de l'Histoire : 1789 et la révolution pour commencer ; puis la Terreur et ses exactions ; enfin Bonaparte et ses canons. C'en était trop : les Français souhaitaient désormais déjeuner en paix. Heureuse coïncidence, une succession d'abondantes récoltes permettait d'envisager l'avenir avec optimisme. On espérait surtout ne jamais revivre les grandes famines du passé ; comme en 1725, 1740 et 1751, ces terribles années de sécheresse au cours desquelles les paysans furent forcés de brouter les pissenlits de leurs champs. Les pauvres bougres avaient rêvé d'un monde meilleur où l'on mangerait chaque jour à sa faim. Ce moment tant attendu finit par arriver sous le règne de Louis XVIII, souverain obèse et glouton ; une période si faste pour l'art culinaire français qu'elle prit le nom de Restauration.

La bonne chère n'était plus un privilège réservé aux riches et aux aristocrates. Le petit peuple se découvrait un goût pour les festins, alors que les maisons bourgeoises se disputaient les meilleurs cordons bleus. Les convives passaient de plus en plus de temps à table, à discuter de la fraîcheur des ingrédients et à commenter la texture des sauces : la gastronomie s'imposait comme une philosophie. Et, si Top Chef avait existé, les producteurs auraient sans doute bâti leur émission autour de la rayonnante personnalité du plus célèbre gourmet de cette époque : Brillat-Savarin.

Homme aux talents multiples, musicien, avocat, écrivain et magistrat, Jean-Anthelme Brillat-Savarin mourut en 1826, à l'âge de 71 ans sans jamais avoir sauté un repas : aujourd'hui encore, son ouvrage « *La Physiologie du goût* » séduit par sa truculence et sa joie de vivre. La gourmandise, selon l'auteur, ne devait pas être considérée comme un péché, bien au contraire : il fallait plutôt parler de « résignation implicite aux ordres du Créateur, qui, nous ayant enjoint de manger pour subsister, nous y invite par l'appétit, nous soutient par la saveur, et nous en récompense par le plaisir ».

À la fin de sa carrière de magistrat à la Cour de cassation, Brillat-Savarin déplorait l'aspect disgracieux de son ventre proéminent dont la masse ralentissait ses déplacements. Mis à part cela, notre gastronome jouissait d'une santé de fer, « le bas de la jambe sec et le nerf détaché comme un cheval arabe ». Dans son œuvre, il envisage la question du surpoids sous un angle esthétique : « J'entends par obésité cet état de congestion graisseuse où, sans que l'individu soit malade, les membres augmentent peu à peu en volume et perdent leur forme et leur harmonie primitives », écrivait-il. Béni soit cet héritier d'Épicure ! Heureuse époque ! On pouvait alors grossir sans mauvaise conscience ni remords : hélas, la lune de miel fut de courte durée.

Des troubles digestifs inédits apparurent dès la fin du XIXe siècle. D'emblée, la nourriture fut accusée de tous les maux : dyspepsie, halitose, jaunisse, engorgement du foie, aérophagie et constipation. Ce dernier symptôme excitait plus particulièrement les convoitises d'une industrie pharmaceutique en plein essor. Les médecins souhaitaient que leurs patients corrigent leur manière de s'alimenter. Ainsi naquirent la diététique, les régimes, les règles d'hygiène de vie et l'obsession du bien-être. Ces domaines contigus dessinaient un espace sanitaire nouveau, au sein duquel le docteur Harvey Kellogg fit longtemps figure de gourou.

*****

En 1910, le sanatorium de Battle Creek revendiquait le titre de « plus grand hôpital du monde » : sur une surface de 120 000 mètres carrés, une trentaine de bâtiments pouvaient accueillir 1200 clients, dont des célébrités comme Sarah Bernhardt (*L'Aiglon*) ou Johnny Weissmuller (*Tarzan, l'homme-singe*). Le Dr Kellogg, son directeur, immuablement vêtu de lin blanc, prétendait connaître par cœur les diagnostics de tous ses pensionnaires, sans exception. Quant à la thérapie, nul besoin d'une mémoire d'éléphant, puisqu'il prescrivait toujours le même protocole : régime végétarien strict, abstinence sexuelle totale et trois lavements quotidiens. Harvey n'hésitait pas à donner l'exemple en la matière : ce scrupuleux Purgon s'autoadministrait cinq clystères chaque jour suivant un horaire rigoureux auquel il ne dérogeait jamais. En privé, Kellogg devait bien reconnaître qu'il forçait la dose : la moitié aurait largement suffi à éradiquer l'auto-intoxication, cette terrible maladie affligeant les carnivores. Le tube digestif de ces derniers ressemblait, selon lui, à une conduite d'égout dont les miasmes étouffaient l'organisme tout entier. Des milliards de bactéries fermentaient sans relâche à l'intérieur des intestins. Nourriture rime avec pourriture : de l'une à l'autre, il n'y a qu'un pet.

La discipline alimentaire en vigueur à Battle Creek reposait sur les préceptes de l'Église Adventiste du Septième Jour. Ses fidèles, s'inspirant de l'Ancien Testament, considèrent le corps humain comme un temple sacré, un don du Créateur qu'il convient de préserver des denrées profanes : le tabac, le café, l'alcool et la viande. Kellogg, végétarien endurci, fit de nombreuses découvertes culinaires. Il s'agissait en effet de trouver des substituts protéinés : le beurre de cacahuète, le lait d'amande, le tofu et les corn flakes, c'est lui. Les panneaux « *NO SMOKING* » dans les lieux publics, aussi.

Riche d'une cinquantaine d'ouvrages et de milliers d'articles, l'œuvre de Kellogg repose sur l'obsession de la pureté corporelle. La population éprouvait alors une sainte terreur des bactéries. Pourtant, une large majorité d'Américains s'obstinait à vivre dans le péché en buvant de l'alcool, mangeant des steaks et fumant des cigares. Plus grave encore : certains jeunes gens contrevenaient parfois au règlement de l'hôpital prohibant toute activité sexuelle, même solitaire. Pour les récalcitrants, Harvey préconisait la circoncision, une intervention qu'il préférait pratiquait sans anesthésie afin que l'adolescent en conserve un souvenir plus vif. Quant aux adultes, le caractère sadique du Dr Kellogg leur apparaissait au moment de pénétrer dans le *sanctum sanctorum* du sanatorium : une grande salle de torture dédiée à l'irrigation colique, où de puissantes pompes reliées à d'épaisses tubulures de caoutchouc sombre emplissaient d'eau tiède les rectums innocents.

La constipation représentait le principal problème de santé publique à cette époque. Les théories de Kellogg avaient fait des émules en Europe : « Les patients constipés œuvrent sans relâche à leur propre extermination », prétendait Charles Bouchard, membre de l'Académie de Médecine : « Leurs existences sont pareilles à une longue tentative de suicide par auto-intoxication ». Tandis qu'à

Londres, le célèbre chirurgien William Arbuthnot Lane préconisait l'ablation totale du gros intestin ; une intervention risquée mais curative, puisque les survivants déféquaient quatre fois par jour. Sir William ne trouvait pas de mots assez sévères pour condamner la nourriture industrielle moderne, le stress et le manque d'exercice : bref, le progrès n'avait pas que du bon, surtout en matière de digestion. La paresse intestinale semblait directement corrélée au niveau de la civilisation : plus une société était avancée, plus ses citoyens émettaient des selles dures. Ce concept engendrait une féroce rivalité entre Américains et Britanniques ; mais ces derniers, imperméables à la pression, comptaient assumer jusqu'au bout leur rôle de favoris

La vie et l'œuvre de Harvey Kellogg illustrent les rapports entre la diététique et la religion ; chaque culte impose un certain nombre d'interdits alimentaires. Il s'agit d'abord d'établir des distinctions entre les confessions, puis d'identifier des catégories : seuls ceux qui s'abstiennent de consommer des denrées impures pourront accéder au nirvana. L'adoption d'un régime suppose donc de croire en un monde meilleur : à condition d'obéir aux instructions du docteur. En somme, la diététique représente une forme de catéchisme : son apprentissage repose sur le discours, mais se concrétise rarement dans les faits.

Les normes alimentaires renseignent également sur les névroses, voire les fantasmes de leurs promoteurs : la discipline qu'on impose permet de renforcer la cohésion au sein de la communauté des dévots. En corollaire, elle entretient un sentiment de supériorité vis-à-vis des mécréants : ainsi les adventistes peuvent-ils à juste titre revendiquer le titre de peuple le plus sain de la Terre. Ceci en toute modestie et en accord avec les préceptes du Seigneur qui exigent que leur séjour ici-bas se prolonge le plus longtemps possible. Harvey respecta cet impératif à la lettre, lui qui rejoignit le Jardin d'Eden, paradis des ovovégétariens, en 1943, à l'âge de 91 ans.

*****

Kampala, 17 octobre 1958

Pour eux, cela représentait une forme sublime du devoir conjugal, qu'ils accomplissaient chaque matin avec ferveur : Olive et Denis Burkitt consacraient la première heure de la journée à la lecture des Évangiles. Ce vendredi-là, Olive avait choisi un verset de la Première Épître aux Corinthiens que son mari appréciait tout particulièrement : « Car qu'est-ce qui te distingue ? Qu'as-tu que tu n'aies reçu ? Et si tu l'as reçu, pourquoi te glorifies-tu comme si tu ne l'avais pas reçu ? » (4:7). Puis, Denis avait pris congé de sa famille. Installé au volant de sa vieille Ford V8 35 HP couleur caca d'oie, le chirurgien britannique avait contourné Mulago Hill, ralenti au carrefour de Victoria Avenue et laissé sur sa gauche la longue silhouette de l'hôpital Makerere, avant de s'engager sur Entebbe Road. Ensuite, cap vers le sud : direction Bukoba.

À son arrivée en Afrique, en 1947, le docteur Burkitt s'était imaginé une existence aventureuse, faite de pathologies bizarres et d'opérations délicates effectuées dans des conditions exotiques. Las ! Rien de cela ne s'était réalisé, principalement par la faute des autochtones : ceux-ci faisaient preuve en général d'une remarquable robustesse. Pourtant, la malaria, le tréponème et les gonocoques entraînaient des infections spectaculaires. Il arrivait aussi qu'on doive suturer des plaies complexes le samedi soir, lorsque les petits voyous des quartiers nord réglaient leurs désaccords à grands coups de machette. De plus, les chirurgiens de l'Hôpital Makerere pouvaient toujours compter sur le tempérament jaloux des femmes bantoues dont les puissantes mâchoires causaient d'importants dégâts testiculaires chez les maris volages ; mais hormis cela, Denis s'ennuyait ferme en Ouganda.

La population de ce pays semblait tout ignorer des maladies chroniques si communément rencontrées en Occident. À Kampala, on n'avait jamais observé de diabète ni d'obésité ; les varices et les hémorroïdes étaient rares, tout comme les crises cardiaques. Ne parlons même pas de la constipation : elle n'existait pas. Situé en pleine brousse, à 6 heures de route, le dispensaire de Bukoba représentait par conséquent la destination favorite du Dr Burkitt ; cela lui donnait un prétexte pour fuir l'ambiance urbaine de la capitale et partir à l'aventure. Il espérait toujours dénicher son Graal le long des rivages verdoyants du lac Victoria : une maladie tropicale, n'importe laquelle, à condition qu'elle fût nouvelle. Comme à Tororo où, l'automne passé, il avait biopsie une tumeur de la taille d'un pamplemousse qui rongeait la mâchoire d'un enfant de sept ans.

Otage d'un idéal très victorien, Denis désirait approcher d'un peu plus près l'Afrique profonde, ce sombre continent dépeint par ses idoles, David Livingstone et Albert Cook. Deux héros de l'Empire britannique à la fois chirurgiens et missionnaires, comme lui guidés par la foi en Dieu et l'amour du bistouri. Burkitt poursuivait un double but : soigner les indigènes d'abord, pour mieux les convertir au protestantisme ensuite. Ce faisant, le pieux docteur ne faisait qu'obéir aux injonctions du Seigneur : « Quitte ta région, ta famille, et va dans le pays que je te montrerai. Je ferai de toi une immense nation. Je te bénirai et rendrai grand ton nom » (*Genèse 12, 1-3*).

Après trois heures de route, passé Masaka, le macadam s'interrompt pour laisser place à une étroite piste de terre ocre. La vieille Ford tangue entre deux murs mauves de jacarandas en fleurs alors que les plantations de manguiers et d'eucalyptus se font plus rares, puis finissent par s'effacer complètement au profit de la savane. La beauté de cette nature presque vierge inspire Denis qui, en cette veille de Sabbath, entonne à mi-voix son hymne préféré : *Evenou Shalom Aleichem* (« Nous vous annonçons la paix, la paix, la paix de Jésus ! »). Burkitt aurait bien aimé s'attarder un peu et faire une pause pour prier, mais il n'a guère de temps à perdre : la frontière du Tanganyika est encore loin. De là, il lui faudrait au moins une heure pour rejoindre le dispensaire de Bukoba.

Alors que la périphérie de Kyotera se profile, Denis commence à ressentir une sourde pression au niveau du bas-ventre. La traversée de la ville s'effectue à travers un chaos de bruits et de couleurs vives : en ce jour de marché, la foule des ménagères en boubous freine la progression des rares véhicules à moteur. Le transit s'accélère par contre dans le côlon de Denis, lequel s'inquiète aussi de constater que le réservoir de la Ford est presque vide. Pour Burkitt, l'univers se fige désormais autour de deux idées fixes : faire le plein d'essence et vidanger son rectum. Le chirurgien a beau serrer les fesses et se tasser un peu plus sur son siège, il paraît évident que ni lui ni sa voiture n'auront les ressources suffisantes pour tenir le coup jusqu'à Bukoba. Heureusement, il y a Kakuto ; une bourgade située dix kilomètres plus loin et qui fait figure de Terre promise.

Les 1500 habitants de Kakuto appartiennent à la tribu des Bagandas, de solides gaillards autrefois soupçonnés d'anthropophagie, mais qui, de nos jours, se nourrissent principalement de *matooke* ; une épaisse purée de bananes plantains relevée d'une sauce à base d'arachides, oignons et piments. Kakuto ne compte ni hôtel ni restaurant, mais à l'entrée du village un modeste bâtiment en dur fait office de bureau de poste, d'épicerie et de distributeur d'essence. Burkitt a tôt fait de s'y arrêter et de s'enquérir d'un lieu propice à la grosse commission. D'un bras que la malaria rend las, le gérant lui indique un bosquet d'eucalyptus en contrebas : les sphincters en alerte, Denis s'y presse. Ce faisant, il emporte la sacoche contenant son appareil de photo ainsi que le matériel de survie indispensable à ce genre d'opération.

Bordé par un petit cours d'eau et isolé du monde par un dense rideau de végétation, l'endroit semble désert. Denis réalise, au vu des effluves qui s'en dégagent, qu'il n'est pas le premier à venir y faire ses besoins aujourd'hui. Qu'importe : notre héros s'accroupit promptement au pied d'un manguier nain. Au terme d'une profonde et douloureuse inspiration, un soulagement immédiat se produit : cela va tout de suite mieux beaucoup mieux merci Seigneur je te bénis pour tes bienfaits et pour m'avoir donné le courage et la force de résister à cette épreuve, murmure-t-il, l'œil droit tourné vers le ciel ; car il faut préciser que Burkitt est borgne. La suite appartient à la grande Histoire de la Médecine. Et donc, à l'instant où notre héros considère le parterre de sous-bois qui l'entoure, l'ensemble de sa physionomie exprime la stupéfaction, voire l'incrédulité : pour Denis, ceci constitue la première véritable révélation de son séjour en Afrique.

Une douzaine de crottes jonche la petite clairière et la taille de ces étrons lui paraît prodigieuse. Le docteur contemple cela d'un regard connaisseur, avant d'extraire un appareil Kodak modèle Brownie Target de la sacoche : il est crucial de réunir des preuves matérielles, sinon ses collègues du King's College le prendront pour un fou. Burkitt réalise une série d'une vingtaine de clichés qu'il conservera comme des reliques durant toute sa vie : ceux-ci immortalisent une farandole d'excréments mesurant plus de 40 centimètres de long. Dans un premier temps, Denis évalue leur poids à « une livre (500 grammes) environ, mais c'est difficile à dire, il faudrait faire des recherches », confiera-t-il plus tard à son épouse.

Alors qu'il se prépare à rejoindre son véhicule, Burkitt considère d'un œil navré le produit de ses propres entrailles qui fume encore au pied du manguier nain. « Il n'y a pas photo » songe-t-il, alors que s'inscrit sur son visage la triste résignation des perdants : « En comparaison, la mienne est vraiment beaucoup plus petite ». Ce faisant, il ne peut que déplorer l'absence de données scientifiques robustes concernant un sujet aussi capital. Heureusement qu'il peut compter, au milieu d'une telle injustice, sur le réconfort des Évangiles. Un autre verset de la Première Épître aux Corinthiens lui vient en mémoire : « Ces pensées mauvaises qui te poussent à jalouser autrui feront place à l'amour profond et véritable qui, lui, n'est pas envieux ».

De retour à la station d'essence, Burkitt trouve le pompiste occupé à frotter le pare-brise de sa Ford. Denis ne résiste pas à la tentation de laisser un modeste pourboire, avant de poser la question qui lui brûle les lèvres depuis son séjour dans le bosquet d'eucalyptus :

– Et sinon, les gens du coin, ils mangent quoi ?

Le Dr Burkitt se méfiait du progrès comme de la peste : « La santé d'une population, avait-il coutume de dire, est mieux déterminée par la taille de ses crottes que par le niveau de sa technologie ». Encore faut-il connaître leur poids, à ces fameuses selles, car la littérature médicale sur ce point demeure étonnamment pauvre. Burkitt entreprit de réaliser une étude prospective afin de comparer la quantité d'excréments produite chaque jour par les individus de deux communautés distinctes : dans le groupe 1 (celui de l'Ouganda), on retrouvait quinze villageois de Kakuto, tandis qu'une vingtaine d'infirmières écossaises constituaient le groupe 2 (celui du Royaume-Uni). Un travail de recherche qui paraît simple à mettre en œuvre, alors que non, au contraire. Ce genre d'investigation comporte en effet quatre obstacles majeurs :

1) il était impératif d'évaluer les selles à l'état frais, dans les 10 minutes suivant leur émission ;

2) on devait par conséquent s'assurer que les volontaires disposent de balances portables accessibles dans un rayon d'un kilomètre, afin de minimiser les risques associés au transport des matières ;

3) il convenait de pourvoir les participants en sacs en plastique de rechange et de conseils pratiques pour bien viser et ne rien gâcher ;

4) enfin, il fallut longuement palabrer pour convaincre les membres du groupe 1 que, non, l'Homme blanc n'était pas, une fois de plus, en train de se foutre de leur gueule.

Saluons ici l'influence de certains membres du clergé ougandais sans qui le projet n'aurait jamais pu se concrétiser. Ce qui aurait été dommage, si l'on considère l'importance des résultats obtenus : quand un(e) infirmier(ère) occidental(e) peine à produire 150 grammes de matière fécale par jour, le paysan ougandais, lui, en excrète sans sourciller le triple (470 grammes en moyenne). Peu avant sa mort, en 1993, Denis Burkitt évoquait encore avec émotion l'immense performance de cette jeune apprentie coiffeuse qui avait pulvérisé tous les records en atteignant la marque des 980 grammes quotidiens.

Denis Burkitt revint au Royaume-Uni en 1962 après l'accession de Milton Obote au pouvoir. Il consacra son temps à la recherche et fut durant trente ans l'avocat pointilleux de la désindustrialisation en matière de nutrition. Il fut l'apôtre de la sobriété heureuse, de la décroissance industrielle et du retour à un mode de vie plus proche de la nature. Selon lui, le manque de fibres était à l'origine de la plupart des maladies chroniques en Occident. Cette croisade lui valut le sobriquet de Fiberman. Denis Burkitt fut le premier à dénoncer un déséquilibre là où le monde entier croyait contempler un progrès. Il avait fallu qu'un chirurgien borgne s'accroupisse dans un sous-bois proche du Tanganyika pour que le côté sombre de la nourriture moderne apparaisse au grand jour.

*****

Washington DC, 30 mai 2000

La fonction crée l'organe ; quant au besoin, il suscite l'excellence. Raison pour laquelle les nutritionnistes de renom se concentrent aux États-Unis : un pays où, à la fin du XXe siècle, deux stars de la diététique, les docteurs Robert Atkins et Dean Ornish se disputaient les faveurs du public. Les deux hommes partageaient plusieurs points communs. Ils étaient intelligents, fortunés et célèbres : leurs ouvrages se vendaient comme des petits pains. Pourtant, leurs thèses en matière d'alimentation étaient diamétralement opposées. À New York, Atkins préconisait un régime riche en protéines et en graisses, mais pauvre en hydrates de carbone ; le Californien Ornish, quant à lui, se faisait l'ardent défenseur d'un régime riche en hydrates de carbone, mais pauvre en graisses et en protéines.

Leur rivalité devait culminer au cours d'un débat télévisé au titre racoleur : « Qui veut épouser un nutritionniste millionnaire ? ». Ornish, plus jeune et plus offensif, semblait mieux préparé pour ce genre d'exercice : son équipe de communicants s'était chargée de disséquer les points faibles de l'adversaire. Car, Atkins était un homme seul ; un vieux lion tout auréolé de son ancienne gloire, mais qui ne rugissait plus que par intermittence. Le public sentait bien qu'il n'en avait plus pour très longtemps. Le débat s'annonçait houleux : ce fut un carnage.

Ornish : Mon collègue ici présent veut encourager les Américains à se nourrir de porc, de lard et de saucisses et prétend que cela les aidera à perdre des kilos ; je lui rétorque que le cancer et la chimiothérapie aussi font maigrir ! Pourtant, rassurez-vous, je ne recommande nullement cette méthode. (Ricanements dans le studio. Sourires entendus sur le banc des journalistes).
Atkins *(énervé)* **:** Il est absurde de demander aux gens de manger moins. Je suis désolé, Dr Ornish, mais ça ne marche pas... Non, Dr Ornish et vous le savez... (Protestations sur le plateau, huées dans le public) Laissez-moi terminer ma phrase bon sang... je ne vous ai pas interrompu. J'ai interrogé des dizaines de milliers de patients dans ma carrière et ils m'ont tous dit la même chose. Au début, c'est vrai,

ils sont ravis de constater qu'ils perdent du poids. Cinq, dix kilos, c'est génial. Et puis, au bout de six mois, d'un an, de deux ans, ils abandonnent ! Personne ne peut tolérer d'avoir faim pendant trente ou quarante ans ! Personne !

Ornish : Je vois beaucoup de patients qui ont suivi les conseils du Dr Atkins, mais la plupart ont arrêté... hélas... *(Il jette un regard sur la petite lumière rouge qui clignote sur la caméra et se souvient des instructions des conseillers en communication : trois secondes de silence, pas une de plus)...* Pour certains, pardon, que dis-je : pour la plupart, il était déjà trop tard. Les troubles de l'érection étaient irréversibles. Oui, docteur Atkins, je vous le répète. Des hommes jeunes : trente ans, quarante tout au plus, que vos théories délirantes ont rendus impuissants. Il est temps de révéler la vérité aux téléspectateurs : le cholestérol est l'ennemi à combattre. Il obstrue toutes les artères du corps. Toutes. Sans exception. Et votre régime, Bob, nous en avons aujourd'hui la preuve, augmente considérablement les taux de lipides dans la circulation sanguine.

Atkins *(furieux, apoplectique)* **:** Ces accusations sont ridicules. J'ai soigné des milliers de patients et tous m'ont dit que jamais leur vie sexuelle n'avait été aussi satisfaisante.

Présentateur : Messieurs, du calme je vous prie ! Pendant longtemps, vous nous avez dit que les Américains étaient constipés : maintenant, vous nous apprenez qu'ils sont impuissants... heureusement, ce n'est pas mon cas. Ni l'un ni l'autre. Pas encore, du moins ! *(Applaudissements prolongés du public ravi).* Mais nous marquons une première pause. Nous faisons un petit tour à Washington dans nos studios : Debbie, c'est à vous, pour la météo !

Robert avait publié son premier ouvrage en 1972 : « La révolution diététique du Dr Atkins » fut un immense succès. Il devait récidiver vingt ans plus tard, avec un nouvel opus sobrement intitulé « *La NOUVELLE révolution diététique du Dr Atkins* » qui figura pendant quinze ans sur la liste des cinquante livres les plus vendus de tous les temps. Mais depuis, Robert déprimait. Ses conseils ne faisaient plus recette ; on le considérait comme un homme du passé. Au matin du 9 avril 2003, le septuagénaire quitta son domicile new-yorkais de bonne heure pour rejoindre le siège de sa société, Atkins Nutritionals

Inc. (150 employés, 100 millions de dollars de chiffre d'affaires). Depuis le débat avec Ornish, Robert s'était un peu laissé aller : malgré le froid et les intempéries, un peu de marche lui ferait du bien. Atkins avait à peine parcouru 200 mètres sur le trottoir rendu glissant par la neige, qu'il chuta lourdement au coin de Sutton Place et de la 57e rue. Par chance, le Cornell Medical Center était tout proche, sept ou huit blocs plus au nord. Robert y fut opéré en urgence pour une hémorragie cérébrale dont il devait succomber 9 jours plus tard, à l'âge de 72 ans. Des individus mal intentionnés firent en sorte que son certificat de décès (# 156-03017846) figure le lendemain en page 3 du *New York Post*. Ainsi, les habitants de la Grosse Pomme apprirent-ils que le Dr Atkins, au moment de sa mort, pesait 117 kilos pour 182 centimètres : le plus célèbre nutritionniste du vingtième siècle, l'homme aux cent millions d'ouvrages vendus, était en surpoids : lui aussi aurait besoin d'obsèques en taille XXL. Quant au régime éponyme, on l'oublia aussi vite que son promoteur obèse.

À San Francisco, Dean Ornish préféra garder le silence ; le maire de New York, Michael Bloomberg, porta le coup fatal au cours d'une conférence de presse :

— Vous voulez vraiment savoir ce que je pense de Bob Atkins ? Eh bien… comment dire ? Oui, je l'avais rencontré, nous avions bavardé lors d'un dîner chez des amis communs, il y a deux ou trois ans. Il était gros, c'est exact : très gros même. Je me souviens avoir fait la remarque à mon épouse. C'est pour ça qu'il est décédé, j'imagine…

Bloomberg réalise soudain que les deux tiers de son électorat souffrent du même problème :

— Cela dit, vous me connaissez : contrairement à mes adversaires politiques, je me refuse à critiquer les gens en fonction de leur physique ou leur tour de taille. Car j'ai promis durant ma campagne, Mesdames et Messieurs, de combattre la grossophobie. Sous toutes ses formes ; fermement et sans répit. Merci, ce sera tout pour aujourd'hui.

*****

L'Association française des Diététiciennes Nutritionnistes compte 13 000 membres, dont l'activité se répartit équitablement entre l'hôpital et le secteur privé. Le métier s'ouvre peu à peu aux hommes, ce qui est réjouissant, vu le caractère exigeant de la profession. On recense en effet plus d'une centaine d'approches thérapeutiques : il y en a pour tous les goûts et pour toutes les bourses. Certaines sont plus en vogue que d'autres, mais la situation ne cesse d'évoluer ; question de mode. En ce moment, le régime cétogène et le jeûne intermittent tiennent la corde, mais on aurait tort de disqualifier trop vite la méthode WW (anciennement Weight Watchers), la stratégie PSMF, voire la formule Atkins (qui revient en force). Les choses peuvent, à l'occasion, prendre une orientation écologique : ainsi la diète climatarienne vise-t-elle à réduire l'empreinte carbone de ses adeptes.

Jamais de viande ; plus de fibres ; moins de sucre ; trop de graisses ; davantage d'hydrates de carbone. On ne compte plus ces stratégies autrefois populaires, et qu'on considère dorénavant comme nocives ; d'autres encore sont devenues ringardes sans qu'on sache bien pour-quoi. En fin de compte, tout cela n'a guère d'intérêt, car la nutrition est beaucoup plus qu'une science : un business qui rapporte des dizaines de milliards par an, même si la plupart des méthodes ont largement prouvé leur inefficacité.

Les diététiciennes effectuent un travail difficile : la prise en charge des maladies chroniques demeure complexe. Le diabète, l'hypertension, l'apnée du sommeil, l'arthrose, le mal de dos : toutes ces affections liées au surpoids, et dont on pourrait guérir, à condition de perdre 30 kilos. Mais ces 30 kilos s'accrochent : ils refusent de s'en aller. Ou alors ils feignent de s'absenter pendant six mois, on croit qu'on en est débarrassé, mais ils resurgissent un ou deux ans plus tard; alors, on revient au point de départ. La frustration s'invite des deux côtés de la table, car le patient n'est pas le seul à souffrir de ces échecs répétés : tel un Sisyphe moderne, le médecin semble condamné à transporter sur son dos le fardeau coupable de l'impuissance. Le poids du surpoids, alourdi encore par le sentiment que rien ne change, devient insoutenable ; la pente paraît même de plus en plus raide, quand la récidive devient la règle et que le vent de la défaite souffle à la manière d'un aquilon détruisant sur son passage les vocations les mieux établies.

*****

Josette a revêtu son uniforme habituel : un sweat-shirt *oversize* marron foncé ou noir, au dos duquel on lit :

OLYMPIASTADION MÜNCHEN - *06 JUNI 2012*
FRITZ-HABER STADION NÜREMBERG - *12 JUNI 2012*
LANXESS ARENA KÖLN - *17 JUNI 2012*

Son médecin nutritionniste considère d'un air las les chiffres qui s'affichent sur son ordinateur, avant de soupirer longuement. En proie à une cruelle crise existentielle, le thérapeute devine qu'il n'a plus d'autre choix que de convoquer sa Némésis : la chirurgie de l'obésité.

– Bien... Il pianote sur le clavier... Voilà. Bon. Les infirmières m'informent que vous pesez 125 kilos ? Donc, voyons... Ceci nous donne un IMC à 47. Aucun changement depuis 2 ans, n'est-ce pas ? Avez-vous déjà entendu parler du bypass gastrique, Madame Mazzarella ?

– Je vous demande pardon, mais il serait temps de réviser vos fiches, docteur. C'est Denost, maintenant. Mademoiselle Denost.

Josette ne cache pas son exaspération. Ah, elle est belle, l'APHP ! Cette multitude de fonctionnaires incapables de tenir à jour les dossiers. On a beau leur ressasser mille fois les choses, ça ne sert à rien. Ils répètent encore et toujours les mêmes erreurs. Ça en devient décourageant, à la longue : à se demander s'ils ne font pas exprès.

13. BYPASS

La chirurgie de l'obésité est fille de la nécessité et du hasard. De la nécessité, d'abord, puisqu'elle constitue l'unique option permettant de perdre durablement du poids ; mais nous reviendrons sur ce point. Du hasard, ensuite, car cette spécialité naquit de l'intuition d'un seul homme. Un Italien excentrique, amateur de sports extrêmes et qui faillit rejoindre la longue liste des prophètes décédés à l'âge de 33 ans : Akhenaton, Daniel Balavoine et Jésus Christ, par ordre alphabétique et pour ne citer que les plus connus.

En cette matinée du 14 avril 1976, Nicola Scopinaro avait sauté d'un monomoteur Cessna 172 Skyhawk évoluant à 3300 mètres d'altitude ; mais 2000 mètres plus bas, le parachute principal avait refusé de se déployer. Dans un premier temps, le chirurgien génois conserva son calme : il avait connu semblable mésaventure à neuf reprises par le passé, et à chaque fois il s'en était sorti grâce à sa voile de secours. Or ce jour-là, les choses se présentaient mal : blotti dans sa poche ventrale, le second parachute refusait lui aussi de s'ouvrir. Dès lors, les 70 kilos du corps de Nicola n'obéissaient plus qu'à une seule contrainte : la gravité terrestre, qui le propulsait maintenant à la vitesse de 190 kilomètres à l'heure vers le tarmac de l'héliport Malpensa de Milan.

« Je savais que j'allais mourir et je ne pouvais rien y faire. En une fraction de seconde, j'ai réalisé que j'allais m'écraser sur du bitume ; après, je ne me souviens de rien. Quand j'ai repris mes esprits, j'étais allongé sur un brancard. J'ai prié le Ciel pour que mes orteils bougent, mais j'étais convaincu d'être paralysé : j'ai testé d'abord le côté droit, puis le gauche, par superstition. Bizarrement, tout fonctionnait ». Bien que l'ensemble de son squelette (en particulier la colonne vertébrale) fût réduit en morceaux, Scopinaro avait survécu ; un véritable miracle qui serait bientôt récompensé par une notice dans le livre Guinness des records. Nicola avait contemplé la mort en face : la Providence l'avait épargné. « Pourquoi moi ? » se demandait-il parfois.

Un autre que lui, plus humble ou plus introverti, aurait interprété ce signe du destin comme un avertissement. Scopinaro n'en retira qu'un terrible orgueil, un gigantesque sentiment de supériorité, une impression de toute puissance. Il était l'Élu à qui le Seigneur avait confié une mission : aider les gens à maigrir. Six mois après l'accident, au lendemain de sa sortie de l'hôpital, Nicola Scopinaro sautait à nouveau en parachute. Il avait 33 ans : il était beau, riche et ambitieux. Dans l'aventure, sa colonne dorsale s'était tassée de 4 centimètres ; son ego, par contre, ne cesserait jamais de croître. Le chirurgien italien avait toutes les raisons de se croire immortel.

Nicola s'était d'abord exercé sur des porcs, puis sur des chiens ; en 1980, il était prêt à expérimenter le bypass bilio-pancréatique chez l'être humain. L'opération reposait sur la combinaison de deux principes : restriction et malabsorption. La restriction consiste à réduire la capacité de l'estomac pour diminuer les ingesta. Dans le cas du bypass, le volume de la poche gastrique résiduelle ne dépasse pas la taille d'une balle de golf, soit un demi-décilitre. Mais la restriction seule ne permettait pas aux obèses de maigrir suffisamment, selon Scopinaro : il fallait aussi modifier la disposition de l'intestin grêle afin de créer une malabsorption artificielle. Les aliments digérés échappaient ainsi à leur destinée : ils ne se transformaient plus obligatoirement en calories.

Au début des années 1990, les patients se pressaient déjà à la consultation du docteur Scopinaro. Ce dernier ne perdait pas de temps à décrire les subtilités de l'intervention. Il clarifiait d'emblée les aspects financiers de la transaction :

– Je n'opère que dans les cliniques privées : ça vous coûtera dix millions de lires, tout compris. En cash, bien sûr.

Ses plus fidèles clients étaient des gens modestes, des *terroni* pour la plupart, ces paysans pauvres originaires du sud de la Péninsule. Ces derniers économisaient sou par sou pendant plusieurs années, avant de reprendre le train pour Gênes, serrant contre leur poitrine une boîte à chaussures remplie de milliers de petites coupures. Tous les habitants du village s'étaient cotisés pour que Giuseppina, la fille de l'épicier, puisse bénéficier de l'intervention miracle. Scopinaro, très classe dans son sempiternel complet-veston bleu roi, ne s'abaissait pas à compter l'argent.

Le bypass entraînait d'importants effets secondaires, particulièrement des diarrhées. Le chirurgien prenait les parents de la patiente à part et les avertissait en catimini :

– S'il vous reste un peu d'argent, je vous conseille de bâtir des WC séparés pour Giuseppina : si possible dans un endroit isolé, au fond du jardin par exemple. Après l'intervention, la puanteur de ses selles sera telle qu'elle vous empoisonnerait l'existence.

Le bypass gastrique fut longtemps source de controverses ; toutes sortes de critiques se faisaient entendre, particulièrement dans le milieu académique. « Des ignares ! Des jaloux ! Ces minables ont peur de tout ! », fulminait Nicola, ulcéré par l'incompréhension de ses pairs. La chirurgie bariatrique balbutiante enregistrait pourtant des succès spectaculaires. Les patients perdaient très vite du poids, beaucoup de poids ; la mortalité opératoire était faible, voire nulle. Scopinaro commençait à humer autour de lui l'enivrant parfum de la réussite. Il n'était pas encore une star, mais il jouissait déjà d'une solide réputation de pionnier.

Après avoir longtemps prêché dans le désert, Nicola put enfin réunir une petite secte d'admirateurs autour de lui. Scopinaro et ses douze disciples fondèrent à Stockholm en 1995 la Fédération internationale de chirurgie de l'Obésité (FICO). Au sein de la petite assemblée, Nicola Scopinaro interprétait son rôle favori : celui de Jésus Christ rédempteur et ressuscité.

Vingt-cinq ans plus tard, la FICO s'enorgueillit de compter dix mille fidèles adhérents originaires de 72 pays. En 2020, elle a tenu sa conférence rituelle à Miami Beach devant un parterre de trois mille chirurgiens opportunistes et malins, tout heureux d'assister à la grand-messe annuelle de cette religion nouvelle.

*****

Pour rassembler ses ouailles, la FICO a sélectionné un établissement au bord de mer et favorablement connu des voyageurs d'affaires : l'Hôtel Fontainebleau qui, en plus de proposer le confort habituel d'un 4 étoiles, possède l'infrastructure suffisante pour nourrir, loger et divertir plusieurs milliers de congressistes. La semaine précédente, on y accueillait les entrepreneurs actifs dans le domaine du bitcoin : le week-end prochain, ce sera le tour des meilleurs danseurs de salsa du monde. Le Fontainebleau met aussi à la disposition de ses hôtes trois grandes salles de conférence permettant l'organisation de sessions simultanées, ainsi qu'une dizaine de salons répartis sur trois niveaux offrant un cadre propice aux séminaires en petits comités, où se prennent les décisions vraiment importantes. Enfin, un vaste espace de 3 000 mètres carrés au premier étage héberge une grande foire commerciale où le public peut se familiariser avec les technologies les plus récentes. Bref, le 25e congrès de la FICO s'annonce déjà comme un triomphe, sur le plan économique, du moins. Car dans le domaine scientifique, on n'attend pas grand-chose de ce forum : le contraire eût été étonnant, si l'on considère les limites d'une spécialité confinée à l'étude d'une seule maladie et de trois interventions.

L'unique bémol est d'ordre climatique. À cette saison, Miami Beach fait figure d'enfer en raison de la chaleur accablante qui y règne : la plupart des habitants ont déserté l'endroit pour émigrer, le temps de l'été, dans le Wyoming ou le Montana, au nord du quarantième parallèle. Le système d'air conditionné de l'hôtel n'incite guère à l'optimisme : vétuste et bruyant, il oblige les visiteurs à garder leurs fenêtres fermées. En fait, c'est toute la tuyauterie de l'établissement qu'il faudrait rénover, elle qui date de la fin des années 1980, à une époque où le surpoids n'était pas encore ce qu'il est devenu : une fantastique source de profit. Un eldorado.

Ce succès repose sur deux facteurs. Primo, un gigantesque réservoir de patients ; des dizaines de millions d'obèses aspirent à bénéficier un jour de cette approche. Deuxio, l'absence d'alternative thérapeutique sérieuse, l'affaire du Mediator ayant à jamais discrédité les médicaments coupe-faim ; quant aux régimes, ils ont fait la preuve de leur inefficacité. La chirurgie apparaît donc comme la seule option crédible permettant de combattre le surpoids. La spécialité représente un excellent débouché, si bien que beaucoup de jeunes médecins rêvent d'en faire leur métier : encore faut-il se dépêcher et saisir sans attendre cette occasion en or. L'excitation est par conséquent palpable dans le lobby de l'hôtel en ce mercredi 29 juillet. Je peux en témoigner ; j'y étais.

Pourtant, ce genre de raout m'insupporte ; j'y vois une gigantesque opération de marketing visant à promouvoir des instruments coûteux dans l'unique but d'augmenter les profits d'une industrie toute-puissante. Tout cela n'a plus rien à voir avec la Science : on assiste à une sorte de représentation théâtrale dans les salons réfrigérés du Fontainebleau. L'ignorance, l'arrogance et l'appât du gain constituent les thèmes principaux de cette vaste imposture qui illustre, en présence de trois mille Tartuffes venus du monde entier, la parole de Molière : « Les anciens, Monsieur, sont les anciens, et nous sommes les gens de maintenant ».

Quelle est la nature du spectacle qui va se dérouler sous nos yeux ? Doit-on considérer cette suite de tableaux à la façon d'une farce ou d'un drame ? Un mélange des deux, sans doute ; pour que le lecteur puisse se forger une opinion, je restitue ici les pages de mon Journal relatant mon séjour à Miami. En guise de préambule, voire d'excuse, précisons que l'existence d'un congressiste imite en tous points celle d'un voyageur de commerce au XIXe siècle. Elle consiste en une succession de temps faibles et de moments creux dont le décalage horaire accentue la torpeur. Cette extension du domaine de l'ennui prend l'apparence d'une coquille vide de sens ; il faut bien pourtant la remplir d'une certaine substance. Qu'on me pardonne par conséquent certaines digressions puériles, des impressions personnelles parfois futiles, souvent immatures, qui n'engagent que moi et dont la pertinence paraîtra douteuse à certains. Pourtant, je l'affirme : tout est vrai.

JOUR 1 — Jeudi 30 juillet 2020

04h09. Tout mon corps est froid. Dans la nuit tropicale, le Fontainebleau se révèle sous ses véritables traits : un monstrueux frigidaire de béton coincé entre la mer des Caraïbes et les Everglades. Les requins d'un côté, les alligators de l'autre. L'obscurité du dehors imprègne encore mon esprit. J'agis à la façon d'un robot. Sans réfléchir, j'appuie sur le bouton rouge de la télécommande : une chaîne locale rapporte la longue litanie des tragédies ayant émaillé les dernières heures. La criminalité n'a jamais été aussi élevée dans le comté de Miami, affirme la présentatrice. « Docteur Eric Weiss, vous êtes chercheur à l'Université de Tampa : comment décrypter cette information ? » demande-t-elle à son invité, un intellectuel reconnaissable à son pull-over noir à col roulé que surplombe un masque FFP2 assorti :

– Merci, Maggie, quel plaisir d'être ici ce matin ! Je vois plusieurs causes à ce phénomène ; la COVID-19 explique en grande partie cette flambée de violence ; les ventes d'armes automatiques ont beaucoup augmenté ; la population est obligée de rester chez elle, ce qui engendre naturellement de la frustration ; les enfants ne vont plus à l'école ; et bien sûr, on redoute que l'économie ne s'effondre.

Craignant que son geste soit mal interprété, le sociologue hésite, puis renonce à se gratter le nez, avant de conclure :

– Regardons la réalité en face, Maggie : c'est comme si les gens n'avaient plus aucun désir de vivre ensemble. Tout le monde se déteste.

Après ces informations et la publicité, c'est l'heure de la météo. La vague de chaleur en cours va continuer d'asphyxier le sud de la Floride jusqu'au week-end : on prévoit des températures supérieures à 110 degrés Fahrenheit. Ceci n'a qu'une importance relative, puisque personne ne s'aventure à l'extérieur, hormis les touristes. Vient ensuite le moment tant attendu des actualités sportives avec la retransmission en léger différé du match de baseball qui opposait hier soir les Miami Marlins aux New York Mets. Au ton du commentateur, on devine que les Marlins n'en mènent pas large, ce qui n'est guère étonnant : la majorité des joueurs de cette équipe affiche une nette surcharge pondérale.

Sous les tenues moulantes, on assiste à un défilé de poignées d'amour, de grosses fesses et de petites bedaines. Drôle d'époque, décidément : même les sportifs professionnels sont obèses. Les premières lueurs de l'aube apparaissent au-dehors. Cela tombe bien, j'ai faim. C'est l'heure du premier repas de la journée ; le plus important de tous, aux dires des nombreux nutritionnistes subventionnés par les fabricants de céréales.

08h40. La séance inaugurale du congrès doit débuter dans vingt minutes ; sur la scène, les orateurs se chauffent la voix tout en se familiarisant avec l'équipement audiovisuel. Toutes les stars de la discipline sont présentes : Schauer de Pittsburgh, Dillemans de Bruges, Helder Moreira de Recife, Kumar de Bombay et Soon Sup Chun, de Séoul. Un rapide coup d'œil à l'assistance me rassure sur sa composition : le public est principalement constitué de chirurgiens latinos au sein duquel se distingue un fort contingent brésilien. Qu'importe leur nationalité, d'ailleurs, puisqu'ils sont mes frères, ces quinquagénaires podagres, joufflus et ventripotents. Une armée de médecins en léger surpoids, tout comme moi.

Le privilège d'ouvrir les débats revient au président, Alfredo Alonso Poza Neto : dans un anglais approximatif, celui-ci nous communique d'emblée deux bonnes nouvelles. *Primo*, l'épidémie d'obésité progresse et rien ne semble pouvoir enrayer cette tendance ; hormis la chirurgie bien sûr (applaudissements mesurés). *Deuxio*, notre spécialité affiche une santé insolente : en 2019, pas moins de 700 000 interventions bariatriques furent réalisées dans le monde (acclamations nourries). Tous les indicateurs sont au vert. L'avenir de la profession s'annonce radieux.

Mis en confiance par cet accueil chaleureux, Poza postillonne de plus belle dans le micro : solennel, il lance un appel aux adhérents de la FICO afin qu'ils s'unissent dans la lutte contre le surpoids et le diabète. Le délire dans l'auditoire parvient à son comble alors que l'orateur conclut son discours en *spanglish* : « *Enjoy Amigos. Have a good time and… BENVENIDOS A MIIIIAMI !* » avant de céder la parole à la vice-présidente, la sud-coréenne Lilian Huang Choi. Celle-ci a hérité d'une tâche moins amusante : rendre hommage aux membres de la Société décédés durant l'année écoulée.

Sur l'écran apparaît alors le beau visage aristocratique d'un septuagénaire en costume bleu de Gênes, dont Lilian peine à prononcer le nom, mais qu'importe : plus personne n'écoute. Le passé n'intéresse personne ; ici, seul l'avenir compte. Les spectateurs profitent de ce temps faible pour quitter la salle et localiser l'espace fumeurs le plus proche. Ceux qui restent ont dégainé leurs portables et, après avoir vérifié la connexion wi-fi, tapent fébrilement « *Escort Girls South*

Beach » sur leur moteur de recherche préféré. Le sac des désirs n'a pas de fond.

09h30. Au dehors, et bien qu'il soit encore tôt, la chaleur a déjà franchi le seuil du tolérable : le bitume colle aux semelles des rares piétons qui cheminent sur Collins Avenue en direction de la lagune. Au milieu d'une petite zone de verdure, j'ai repéré une échoppe de plein air qui offre la double promesse d'un peu d'ombre et de boissons fraîches. Je n'ai pas accompli dix mètres qu'une voix familière résonne à mes oreilles :

– Eh bien ! Pour une surprise ! Mais c'est mon ami suisse qui est là !

Dans la fournaise de cette matinée subtropicale, je distingue la courte et massive silhouette de mon camarade Oussama Al-Khalil. On se fait la bise, à la mode syrienne : un geste d'affection qui répugne un peu au calviniste que je suis. Mais n'est-ce pas ça aussi, l'amitié virile ?

Originaire d'Alep, Oussama a fui le Moyen-Orient il y a dix ans pour trouver refuge en France. Nous avions lié connaissance en 2018, au cours d'un stage de perfectionnement au CHU de Lille : plus encore que la chirurgie, c'est une passion commune pour les bars à chicha qui avait scellé notre complicité. Compétent, dynamique et travailleur, Oussama s'est établi en Ardèche avec sa femme et sa petite fille : il exerce au Centre hospitalier d'Annonay, en face de la pharmacie Riffard. Je remarque alors que mon ami syrien n'est plus tout à fait le même homme. Pour tout dire, je lui trouve mauvaise mine :

– Tu as maigri, non ?

– Trente kilos, que j'ai perdu, *habibi*. Je ne voulais pas t'en parler, parce que j'hésitais. Mais je me suis décidé : j'ai fait une sleeve en février… Ça ne pouvait plus durer.

Je suis ravi pour Oussama, qui avait vraiment beaucoup engraissé depuis son arrivée dans l'Hexagone :

– Et alors ? Tu pèses combien maintenant ?

– Dimanche passé, j'en étais à 112, mais je continue à perdre du poids. J'espère bien descendre en dessous des cent kilos. Mais crois-moi, Ami : je souffre. Je ne mange presque plus rien. Par contre, je dors beaucoup mieux et j'ai recommencé à faire l'amour : d'ailleurs Rokhaya est enceinte, *al hamdoulillah rabbil alamin*.

JOUR 2 — Vendredi 31 juillet 2020

06h00. Dans mon demi-sommeil, je tente d'imaginer l'existence de Mme Al-Khalil en Ardèche, mais ignorant tout de l'une comme de l'autre, je renonce à cette entreprise. J'ai commis l'erreur d'interrompre la climatisation hier soir. Résultat, je souffre d'un syndrome fréquent chez les congressistes : déshydratation, dépression, et constipation. Seul point positif, la fatigue liée au décalage horaire tend à se dissiper, ce qui tombe bien. C'est ce matin en effet qu'a lieu la session-phare du colloque, intitulée :

Les Chirurgiens de l'Obésité Après Leur Intervention ;
Questions Aux Docteurs-Patients

Chaque année, une quinzaine de médecins membres de la FICO font comme Oussama : ils subissent une intervention afin de perdre du poids. Le comité scientifique a eu la bonne idée d'inviter ces confrères afin qu'ils témoignent de leurs expériences en tant que patients. Cela fournit souvent un prétexte à des débats amusants.

09h15. Il n'y a plus un siège de libre dans la grande salle de conférence. Le public captivé écoute en silence le docteur Aniceto Navarrete nous conter ses déboires : notre camarade madrilène a souffert de multiples complications suite à sa gastrectomie. En tout, il a séjourné quatre mois en réanimation. Dans l'aventure, il s'est délesté d'une cinquantaine de kilos ; tant et si bien qu'aujourd'hui encore sa petite fille de trois ans ne le reconnaît pas et refuse d'embrasser celui qu'elle considère comme un étranger. Rendu muet par l'émotion, Aniceto s'excuse d'interrompre son récit. De toute manière, dans l'assistance, il y a belle lurette que les mouchoirs sont sortis.

L'orateur n'a pas fini de savourer un triomphe mérité, que c'est au tour de nos amis Walid Alili (Beyrouth), Roberto Kuri-Guinto (Mexique), Corrigan McCarthy (USA) et Felipe Vilas Boas (Brésil) de nous divertir. Enfin, deuxième moment fort de la matinée, le professeur Susdit Nautihal nous explique qu'il a failli mourir d'une péritonite, une semaine après avoir subi un bypass gastrique dans

une clinique privée de Bangalore. Un frisson parcourt l'auditoire, tandis qu'Oussama me rejoint, en sueur :
– Quand même, lui dis-je : on est peu de chose, hein ?
– Tu l'as dit, bouffi, répond-il, tout en tamponnant ses aisselles avec le programme officiel. Par chance, moi j'ai survécu, *bismillahi al rahmani al rahim*. Café ?
– Volontiers. Ça m'occupera, dis-je.
– *Yalla* ! c'est parti, mon kiki.

Brave Oussama ! Cher, très cher Ami originaire des hautes Terres d'Aram, berceau de l'humanité ! Une immense fierté m'envahit. Toutes ces formules apparues dans les années 80 : «Tu l'as dit, bouffi» ; «C'est parti, mon kiki» ; «En voiture, Simone», c'est à moi qu'il les doit. J'espère qu'il les transmettra à sa progéniture. Qui sait ? Avec un peu de chance, on entendra dans quelques années des petits ardéchois d'adoption articuler «Sans façon» au lieu de «Non merci» ; ou «Au temps pour moi» plutôt que «Je me suis trompé» ? Ainsi aurai-je modestement contribué au rayonnement de la langue française.

Je compte d'ailleurs utiliser cette pause pour reprendre mon enseignement. Aujourd'hui, je souhaite familiariser mon camarade avec quelques formules plus anciennes, héritées des années 1970 : «Noël au scanner, Pâques au cimetière» ; «Ibiza pour l'été, herpès pour l'éternité». Vaste programme, comme on le voit.

10h26. Nous quittons la salle de conférence, alors que nos six collègues saluent le public à la façon des acteurs de théâtre ; main dans la main sur le devant de la scène, ils jouissent des 15 minutes de célébrité auxquelles nous aurons bientôt tous droit. Le tonnerre d'applaudissements résonne dans le lobby de l'hôtel, alors que je m'interroge : que penser de cette société où l'embonpoint n'épargne plus personne ? D'un monde où des chirurgiens sont contraints de s'opérer entre eux ? À quand mon tour ? Combien de temps me reste-t-il avant de subir, moi aussi, une gastrectomie ? Prendrai-je place sur le podium à Naples l'an prochain pour évoquer les conséquences de ma sleeve ? À moins que je ne doive patienter jusqu'à la 27e édition du congrès de la FICO, prévue à Melbourne du 19 au 23 septembre 2023 ?

10h27. Décidément, l'air conditionné me convient mal. Un long frisson d'angoisse se propage le long de ma moelle épinière. Le sol semble se dérober sous mes pieds et ma vision se brouille alors que je sombre au ralenti dans le grand vide de l'Univers. Je réalise alors que, de toutes les forces qui s'exercent sur l'humanité, la gravité est la seule qui soit véritablement démocratique : elle s'applique à chaque individu de la même manière, quel que soit son poids.

*****

Le bypass gastrique, tout comme sa cousine la sleeve (gastrectomie tubulaire), représente une incontestable avancée dans la prise en charge des patients obèses. L'intervention fait maigrir : elle réduit l'excès pondéral de 60 %. Mais ses bénéfices ne s'arrêtent pas là. Elle supprime l'apnée du sommeil et les régurgitations d'acide ; elle permet dans certains cas de guérir du diabète. Elle protège le foie du NASH ; limite les risques d'infarctus du myocarde. Elle améliore le pronostic vital. Elle diminue le risque de développer un cancer. Dans notre pays, 50 000 opérations de ce type sont effectuées chaque année. Ce succès thérapeutique indéniable a suscité des vocations ; il a hélas aussi entraîné des abus, obligeant la Haute Autorité de Santé à mieux contrôler les conditions de sa pratique.

Une forme de tourisme chirurgical a vu le jour. En Allemagne, la prise en charge de ces interventions par les assurances sociales demeure exceptionnelle, mais qu'à cela ne tienne ; on affrète des cars à destination de la Belgique, où les médecins traitent les obèses germaniques à la chaîne. Aux États-Unis, des citoyens désargentés se déplacent jusqu'à Tijuana ou Ciudad Juárez : ce ne sont pas les sensations fortes qui les attirent, mais la perspective d'obtenir une gastrectomie à prix réduit. Certains de nos compatriotes embarquent vers le Maghreb pour se faire soigner dans les cliniques privées de Sfax ou de Blida : ils voyagent parfois en compagnie du chirurgien qui emporte dans la soute le matériel nécessaire à la découpe de leurs intestins.

La popularité de ces procédures est due en grande partie à l'adoption de méthodes moins invasives : la laparoscopie permet la réalisation du bypass gastrique au moyen de quatre ou cinq incisions discrètes. La convalescence s'en trouve réduite ainsi que le séjour hospitalier : le geste étant toujours identique, certains praticiens effectuent six ou sept interventions durant la journée, tout en s'accordant une petite sieste après le déjeuner. En Scandinavie, une délégation de service public s'est mise en place : les autorités de santé sous-traitent ce type d'activité au secteur privé. Une nouvelle race de techniciens itinérants est apparue : ils exercent à Reykjavik le lundi, à Trondheim le mercredi et à Malmö le vendredi. Le suivi des malades ne les concerne pas. Ils ne revoient jamais leurs patients ; ils ignorent leurs identités ; ils sont payés à l'acte ; ils gagnent beaucoup d'argent. Ils font l'acquisition d'un ryadh à Marrakech et d'un chalet à Zermatt. Ils parlent peu de leur profession, et quand ils le font, c'est sans passion: «J'ai eu pendant vingt ans l'impression d'opérer le même malade» m'a confié l'un deux.

Pour beaucoup d'obèses, la chirurgie fait figure de Providence : les patients attendent longtemps pour se faire opérer. Ils sanglotent de joie quand vient leur tour d'accéder au bloc : à la veille de subir un bypass, certains rêvent d'accéder enfin au Paradis de la minceur. Désirs irraisonnés et qui seront bientôt déçus, mais qui illustrent un phénomène universel ; la Science a remplacé la religion dans l'esprit du public. Les gens veulent croire que la chirurgie leur redonnera la beauté, la jeunesse et la vigueur de leurs vingt ans. Hélas ! Bien qu'il modifie leur morphologie, le bypass ne transforme pas vraiment la vie de ceux qui en bénéficient.

Tous les patients ne pourront pas profiter de cette approche. On disqualifie ceux qui souffrent d'affections psychiatriques ou des troubles graves du comportement alimentaire ; les toxicomanes ; ceux qui, pour une raison ou pour une autre, ne pourront bénéficier d'un suivi postopératoire prolongé. Et puis, enfin, il y a ceux qui, bien qu'en net surpoids, ne remplissent pas l'ensemble des critères imposés par la Sécurité sociale. On a longtemps exigé un IMC supérieur à 40, mais cette restriction s'est peu à peu assouplie : on accepte aujourd'hui les malades avec un IMC supérieur à 35, pour autant qu'ils souffrent d'une ou de plusieurs co-morbidités susceptibles d'être améliorées par la perte pondérale. Les bénéfices du bypass gastrique ne se mesurent plus seulement en kilos ; on a de plus en plus recours à la chirurgie pour corriger les troubles du métabolisme.

Ce type d'approche ne constitue pas la panacée, pour plusieurs raisons. L'opération demeure lourde : sa mortalité est faible, mais non nulle. On déplore des complications graves dans 10% des cas. La perte pondérale, bien que très significative, n'est pas optimale : la plupart des obèses ne retrouvent jamais un poids idéal. Le traitement est réussi lorsque les patients ont perdu les deux tiers de leurs kilos superflus : bien qu'ils maigrissent énormément, ils restent malgré tout trop gros. Quant aux résultats à long terme, le doute subsiste : les bénéfices du bypass se prolongeront-ils au-delà d'une vingtaine d'années ?

La chirurgie de l'obésité fait figure d'emplâtre sur une jambe de bois : au moment où l'on se décide d'agir, il est déjà trop tard. Le mal est fait. Dans ce contexte, l'intervention se limite à fabriquer des individus en léger surpoids ; en modifiant le volume de leur estomac, elle impose la frugalité alimentaire. En somme, le bypass s'inspire de la philosophie du *hara hachi bu* ; ceux qui se soumettent à cette opération s'obligent à faire preuve de modération.

Il faudra bien un jour pénaliser la malbouffe à la manière du tabac. Il existe des mesures dont l'efficacité a été démontrée par le passé : restriction de la publicité ; prélèvement de taxes ; prohibition de la vente aux mineurs ; interdiction de la consommation dans les écoles et lieux publics. Rien n'empêche que ce type de mesure s'applique aux boissons sucrées et aux aliments industriels. Nos dirigeants devront légiférer afin de protéger les citoyens de leurs instincts : ils devront s'inspirer pour cela de l'action de Pierre Mendès-France, homme d'État réputé pour sa probité, son audace et son intransigeance. Des qualités qui constituèrent autant de défauts au cours d'une carrière politique particulièrement brève : sept mois à peine à la tête du gouvernement, mais qui suffirent pour convaincre les Français de boire autrement.

14. OAXACA

À peine les plaies des combattants étaient-elles refermées, qu'une violente fronde anti-américaine agitait l'Assemblée. Le 28 février 1950, Pierre Schneiter était pris à partie par un élu communiste :
— Monsieur le Ministre : au moment où nous parlons, on vend sur les grands boulevards de Paris une boisson qui s'appelle Coca-Cola... Ce qui est grave, c'est que vous le sachiez et que vous ne fassiez rien ! Comprenez-moi bien : la question n'est pas simplement d'ordre économique, ni même sanitaire. C'est un problème politique : allez-vous permettre qu'on empoisonne les Français et les Françaises ?

Atlantiste convaincu, Pierre Schneiter ne s'étonna guère de ces attaques : trois mois plus tôt, lors de la séance du 8 novembre 1949, les députés avaient débattu d'une résolution visant à interdire « l'importation, la fabrication et la mise sur le commerce d'une boisson dite coca-cola (sic) ou de toute autre boisson similaire dans la métropole, en Algérie et dans les pays et territoires de l'Union française ».

Le même jour, l'Humanité titrait :

SERONS-NOUS TOUS COCA-COLONISÉS ?

Il y avait en effet de quoi s'inquiéter : qui pourrait résister à ce breuvage capitaliste lancé à la conquête de la planète ? N'était-ce pas d'ailleurs la boisson des vainqueurs ? « Lorsqu'un soldat américain boit du Coca, il sait pourquoi il se bat », affirmait Roosevelt.

Accueilli partout dans le monde avec bienveillance voire enthousiasme, le Coca-Cola rencontra une farouche opposition dans l'Hexagone. Les patriotes souhaitaient préserver leurs traditions millénaires et privilégier la consommation d'une boisson populaire, saine et naturelle, faisant depuis la nuit des temps le bonheur des petits et des grands : le vin. Les propriétaires de débits de boissons et les vignerons (soit quatre millions de travailleurs) unirent leurs forces pour qu'on interdise la vente du dangereux breuvage venu d'Atlanta ; celui-ci, disaient-ils, représentait un risque mortel non seulement pour la viticulture française, mais aussi pour le bien-être de la popu-

lation. Aux yeux de Schneiter, le terme « empoisonnement » semblait exagéré. Il réfutait l'accusation en ces termes :
— Mesdames et Messieurs les Députés, sur la question du Coca-Cola, je me refuse à faire du dirigisme en la matière et à dire qu'un liquide ingurgité quotidiennement par quatre ou cinq cents millions d'êtres humains constitue un poison.

Ce à quoi le rapporteur de la Commission, le Dr Boulet (Hérault ; gauche indépendante) rétorquait, furieux :
— Est-ce là un argument pour un ministre de la Santé ? Pendant des siècles les Chinois ont fumé l'opium : souhaiteriez-vous pour autant d'adoucir la législation à l'égard de ce produit ?

À cette époque, le vin était le breuvage favori des Français : la consommation annuelle atteignait 125 litres par personne. On picolait partout ; au travail, au bistrot (450 000 estaminets pour 40 millions d'habitants), mais aussi dans les écoles. Au lycée, les élèves recevaient, dès l'âge de 10 ans, l'autorisation de boire chaque jour un demi-litre de vin, de bière ou de cidre. Les parents considéraient le produit de la vigne comme un rafraîchissement naturel, écologique et agréable au goût. Pourquoi vouloir priver les plus jeunes de ce nectar ? Louis Pasteur n'affirmait-il pas que : « Le vin est la boisson la plus saine et la plus hygiénique qui soit » ?

Personne n'aurait songé à comparer le vin à un poison ; pourtant l'alcoolisme était responsable de 20 000 décès annuels, principalement dus à la cirrhose et au delirium tremens. Les mentalités changèrent peu à peu : un courant de pensée hygiéniste était né, qui allait transformer les mœurs. En septembre 1954, le gouvernement de Pierre Mendès-France fit passer une série de mesures visant à lutter contre l'abus d'alcool. Le Premier ministre lui-même ne cachait pas sa préférence pour le lait :
— Pour les enfants, affirmait-il, il n'y a rien de mieux ; riche en calcium, le lait est bon pour la croissance.

Par contre, il n'était pas favorable à la gourde de vin chaud, l'hiver, pour les petits Savoyards. Restait à légiférer, quitte à s'attirer les foudres du lobby viticole. En 1956, le gouvernement décida d'interdire la vente d'alcool aux mineurs âgés de moins de 14 ans et de proscrire son usage dans les écoles. Peu de gens s'offusquèrent de cette ordonnance : les dégâts liés à l'éthylisme étaient reconnus de tous. «Ivrogne» n'était-il pas l'anagramme de «vigneron»? Fidèle à sa légende, l'ex-Président du Conseil jouait sa partition sur un mode subtil; plutôt que d'imposer une logique de prohibition vouée à l'échec, le gouvernement souhaitait décourager toute forme d'incitation à l'usage. La nouvelle législation visait surtout à protéger les adolescents, les cibles préférées de la publicité, cette «forme moderne de conditionnement». Il fallut attendre la loi Evin en 1991, pour que l'interdiction de la vente d'alcool soit étendue aux mineurs de plus de 14 ans.

Ces mesures furent efficaces : dès les années 1960, la consommation de vin déclina inexorablement. Elle atteint aujourd'hui 40 litres par an et par habitant, soit une réduction de 70% en 70 ans. Au classement des buveurs, la France se situe désormais au niveau de la Slovénie et de la Croatie. L'attrait de cette boisson a presque complètement disparu parmi la jeunesse : 5% seulement des 25-34 ans en boivent tous les jours. La proportion tombe à 1% parmi les 15-24 ans. Le Côtes-du-Rhône reste apprécié d'une catégorie de la population manquant cruellement de sex-appeal : celle de ces vieux couples qui dînent en silence le soir, le regard rivé sur l'écran du journal télévisé. Dans les séries américaines, le chardonnay constitue le cépage préféré des épouses insatisfaites : plus le verre est grand, plus il y a de chances qu'elles adoptent un amant.

La popularité du vin s'étant effondrée, il restait une place à prendre dans le cœur et l'estomac des gens : quel serait le breuvage susceptible de remplacer l'alcool et d'étancher la soif des jeunes générations ? Seule certitude, le lait ne partait pas favori dans cette compétition. Sa consommation chuta également de 60% en un demi-siècle, pas-sant de 100 à 40 litres par an. Pierre Mendès-France avait gagné la bataille contre le vin, mais lamentablement échoué dans sa tentative de transformer les Français en consommateurs de lactose. L'histoire retiendra pourtant que, dans leur entreprise de conquête planétaire, c'est en France que les dirigeants de Coca-Cola furent confrontés à l'hostilité la plus farouche.

*****

Dans les années 1960, la génération du baby-boom était prête à faire un triomphe aux sodas made in USA. Rien ni personne ne pourrait désormais résister à la puissante multinationale d'Atlanta : l'accomplissement de la coca-colonisation ne fût qu'une formalité. Les boissons sucrées étanchent la soif des citoyens du monde entier depuis un demi-siècle. Pendant 60 ans, aucun incident de parcours ne vint entacher l'excellente réputation de ces produits. Jusqu'à cette journée de l'été 2020, qui vit un jeune politicien mexicain s'insurger en ces termes :

– Allons-nous continuer encore longtemps à boire ce poison en bouteilles ?

Berriozàbal est une bourgade de 50 000 habitants coupée en son milieu par l'autoroute 190D reliant Tuxtla Gutiérrez à Oaxaca. En ce lundi 20 juillet, toute la population est en émoi ; on attend la visite du ministre de la Santé. Ce dernier doit rencontrer le personnel soignant de l'hospice régional, avant d'adresser un message à la nation : à cet effet, on a dressé un podium devant le Palacio municipal où plusieurs équipes de journalistes s'affairent déjà. Les principales chaînes d'information ont dépêché sur place leurs meilleurs éléments, car l'homme qui doit s'exprimer n'est pas un politicien comme les autres. Depuis qu'il coordonne la réponse gouvernementale à la COVID-19, Hugo Lopez-Gatell a quitté sa tenue de haut fonctionnaire pour revêtir les habits d'une rock-star.

Médecin épidémiologiste de profession, Hugo fascine autant qu'il agace ; brillant orateur, grand et svelte, le jeune ministre suscite les convoitises. Les Mexicaines se pâment devant sa belle chevelure aux reflets blond-roux qui rappellent ses origines catalanes. Mais Lopez-Gatell affiche sa mine des mauvais jours : tout ce cirque l'irrite. Ses opposants politiques ne ratent pas une occasion de proclamer que les Mexicains tombent comme des mouches et que le cap des 100 000 décès sera atteint à la fin du mois, alors que « le virus continue à circuler activement ». Tout cela agace prodigieusement le ministre de la Santé. Ce dernier reste persuadé que le microbe n'a fait que révéler les effets pervers d'une autre maladie beaucoup plus préoccupante : l'obésité.

Aux journalistes, Lopez-Gatell confie en privé qu'il ne s'agit plus de combattre une, mais deux pandémies ; celle due au virus et celle due à la malbouffe. Cette dernière en particulier l'inquiète, car elle touche des millions d'adolescents. Toutes ces pensées se bousculent dans la tête du ministre, alors qu'il salue la foule massée au pied de l'estrade. Pour Lopez-Gatell, le temps est venu de dire la vérité à ses compatriotes. Globalement, leur santé est menacée : si cela continue, cette génération de Mexicains vivra moins longtemps que celle qui l'a précédée. Une grande première dans l'histoire de l'humanité :
– Les citoyens de ce pays se porteraient bien mieux s'ils ne se laissaient pas abuser par le mode de vie que nous vante la publicité... Comme si tout cela allait nous rendre heureux... Avons-nous vraiment besoin de toutes ces friandises ? De manger autant de beignets, de chips et de biscuits ? Quant à ces refrescos, ces boissons rafraîchissantes que nous aimons tant : combien de sucre contiennent-elles ? Aussi, mes chers compatriotes, je m'interroge : *para que necesitamos el veneno embotellado, el de los refrescos ?* D'où nous vient ce besoin de boire du soda, ce poison en bouteille ?

Veneno embotellado. Les Mexicains ingurgitent ce poison pour deux raisons : d'abord à cause de son goût et ensuite à cause de son coût. De plus, ils n'ont guère le choix. Au milieu des années 1980, Coca-Cola a fait main basse sur la plus importante des matières premières du pays : l'eau. Depuis lors, la multinationale américaine conserve le privilège de pomper chaque semaine plusieurs millions de litres dans les nappes phréatiques du Chiapas. Dans cette contrée où la moitié de la population n'a plus accès à l'eau potable, le recours aux boissons gazeuses s'impose : les bébés sont nourris au Coca et les adolescents en consomment chaque jour plus de 2 litres. Sans ces boissons sucrées, les habitants de San Cristobal de Las Casas et de San Juan de Chamula mourraient de soif.

Les peuplades indigènes de ces régions sont en majorité des Indiens Totzils qui descendent des Mayas et qui pensent que le Coca-Cola possède des vertus magiques. Au sein même des lieux de culte catholiques, le syncrétisme règne : la cérémonie religieuse se déroule sur un rythme lent, alors que les villageois scandent dans un sabir précolombien des imprécations destinées au Dieu du Maïs. Sur un autel de pacotille, le chaman a disposé une dizaine de bougies, quelques victuailles et une bouteille en PET contenant 2 litres d'un liquide marron dans lequel s'agitent des millions de bulles de gaz carbonique : le Coca constitue le produit de référence, loin devant le Pepsi, jugé moins prestigieux.

À la fin de la cérémonie, le sorcier se désaltère au goulot, avant de recracher une partie du breuvage autour de lui afin de purifier l'atmosphère ; puis il rote très fort à la grande satisfaction des spectateurs présents. Dans la culture totzile, le Coca-Cola représente une sorte de sirop Typhon qui soulage de tous les maux, notamment la diarrhée, la fatigue, la dépression ainsi que le diabète. Juste récompense pour un breuvage que son inventeur, John Pemberton, souhaitait distribuer exclusivement en pharmacie.

On quitte San Juan de Chamula sous une pluie fine qui accentue encore la laideur des faubourgs. Des deux côtés de la route qui mène à San Cristobal, de grandes pancartes aux couleurs primaires célèbrent l'alimentation moderne : pizzas surgelées, tacos, chips et popcorn (*Palomitas para micro-ondes! Sabor natural !*). La nourriture industrielle qu'on retrouve partout dans le monde et qu'on nomme ici *comida chatarra*. Force est de constater que, dans le domaine du marketing, Coca-Cola conserve une longueur d'avance sur tous ses concurrents : aux alentours des villages totzils, les panneaux rouges et blancs de la marque colportent exclusivement leurs messages en langue maya.

Le site internet de la Compagnie nous apprend que le Coca-Cola est distribué dans plus de 200 pays : performance remarquable en tous points, si l'on considère que les Nations Unies ne comptent que 193 États membres. Le monde entier en consomme, à l'exception de la Corée du Nord et de Cuba qui résistent avec succès à la tentation. Mais pour combien de temps encore ? Hugo Lopez-Gatell sait qu'il s'attaque à un géant, mais il faudra bien mettre fin un jour au règne de la *comida chatarra*. Le plus vite sera le mieux, car il y a urgence : en 25 ans, de 1996 à 2020, la proportion des adultes mexicains souffrant de surpoids a été multipliée par trois, passant de 25 à 75%.

L'exécutif mexicain souhaitait depuis longtemps instaurer un impôt sur les boissons sucrées. En 2014, après dix années d'âpres négociations, le gouvernement du Président Enrique Peña Nieto reçut l'autorisation de prélever une taxe d'un peso (4 centimes d'Euro) par litre, soit 10% du prix de vente. Dans le projet initial, elle s'élevait à deux pesos, mais les États-Unis firent opposition à cette mesure et obtinrent gain de cause auprès de l'Organisation mondiale du Commerce. La stratégie mexicaine s'inspirait de celle employée par Mendès-France : dans un premier temps, il s'agissait d'informer la population et de décourager toute forme d'incitation à la consommation. En attendant, il suffisait de rendre les sodas plus coûteux, moins populaires et plus difficiles d'accès pour les enfants. Il n'était pas encore question de prohibition ; les dispositions véritablement coercitives suivraient dans un second temps.

La taxe mexicaine sur les sodas fit rapidement des émules en Europe, d'abord en Scandinavie, puis en France. Au Royaume-Uni, le gouvernement décida en 2018 de prélever vingt à trente centimes par litre en fonction de la quantité de sucre présente dans le liquide. La mesure tend à se généraliser : l'Amérique latine au complet et une dizaine de pays européens ont déjà adopté cette stratégie. La loi est particulièrement sévère au Chili où les autorités perçoivent une redevance de 18% sur toutes les boissons sucrées. En France, depuis 2013, ces produits sont imposés à raison de sept centimes d'Euro par litre : dans son adresse à l'Assemblée nationale, Olivier Veran, en tant que rapporteur du Budget de la Sécurité sociale, précisait que la contribution avait pour but « d'aider les enfants et d'éviter les risques d'obésité et de diabète de type 2 ». Agnès Buzyn, sa ministre de tutelle, eut beaucoup de mal à cacher ses réticences vis-à-vis d'un dispositif qu'elle avait combattu lors du quinquennat précédent.

La taxe constitue un moyen simple et efficace pour réduire la consommation de sodas. Certes, au Mexique, la baisse fut modeste ; l'impôt ne suffisait pas à lui seul pour améliorer significativement l'état de santé de la population. Il fallait envisager d'autres mesures, plus contraignantes et donc moins populaires ; l'épidémie de COVID-19 allait fournir un excellent alibi pour accélérer les réformes. Car Hugo Lopez-Gattell voulait copier Pierre Mendès-France : le ministre de la Santé mexicain rêvait d'interdire la vente de boissons sucrées aux mineurs. Son objectif était d'instaurer une sorte de loi

Évin pour le Coca-Cola et les chips. Il souhaitait que les restrictions en vigueur à l'encontre du tabac et de l'alcool s'appliquent aussi à la *comida chatarra*.

Le Mexique fonctionnant à la façon d'une Fédération, chaque État devait modifier sa constitution dans le sens indiqué par le ministre de la Santé. Dans cet exercice, Oaxaca fit office de pionnier en adoptant à la quasi-unanimité, le 5 août 2020, la loi *anti-chatarra*. Désormais, la vente de sodas et d'aliments industriels était seulement autorisée aux personnes âgées de plus de 18 ans. Les commerçants ne respectant pas ces restrictions s'exposaient à des peines de prison ferme.

La loi mexicaine anti-malbouffe ne s'applique donc pas qu'aux boissons sucrées, car elle vise aussi les produits ultra-transformés dont les adolescents raffolent ; les chips, les ice-creams, les bonbons et les biscuits en tous genres. Cela représente 60% des aliments vendus dans les hypermarchés. La loi *anti-chatarra* semble avoir un bel avenir : déjà acceptée dans l'État voisin de Tabasco, elle est en cours d'étude dans une dizaine de régions mexicaines et pourrait bientôt se voir adoptée par d'autres pays latino-américains, notamment le Chili et le Pérou. Dans ce dernier pays, les autorités ont déjà interdit la consommation de boissons sucrées en milieu scolaire ainsi que la publicité pour ces produits à destination des enfants.

*****

Cette prise de conscience collective en Amérique latine n'est pas le fruit du hasard. Elle résulte de l'action de citoyens et d'activistes qui luttent depuis vingt ans contre les fabricants américains de nourriture industrielle et de boissons gazeuses. Fondateur de l'association *El Poder Del Consumidor*, Alejandro Calvillo prétend redonner le pouvoir aux acheteurs et informer la population des risques liés à la malbouffe. Ce qui, dans le Mexique d'aujourd'hui, représente un ambitieux programme politique aux accents révolutionnaires ; mais on va le voir, il y a du Che Guevara, voire du Danton, chez cet homme-là.

Au premier abord, Calvillo impressionne par son absence de charisme. Ce quadragénaire à l'air perpétuellement épuisé et aux paupières lourdes paraît mal à l'aise face aux journalistes venus de l'étranger pour l'interroger. Avant de fonder son association, Alejandro travaillait chez Greenpeace ; il maîtrise donc à la perfection les méthodes et les codes du militantisme moderne. Bon connaisseur des questions environnementales, Calvillo considère que l'obésité résulte d'un déséquilibre systémique : selon lui, le flux ininterrompu de *chatarra* en provenance des États-Unis s'apparente à une forme de pollution atmosphérique. Comme Lopez-Gatell, Alejandro est convaincu qu'il faut agir vite, sans quoi la santé de la population continuera à se dégrader : certains experts prédisent que l'espérance de vie des Mexicains aura reculé de 10 ans en 2050.

La physionomie de Calvillo s'anime lorsqu'il s'exprime en public. Il commence par rappeler les chiffres d'un ton posé : le tour de taille des Mexicaines a bondi de 11 centimètres depuis le début du siècle ; l'obésité infantile a triplé, passant de 10 à 30% ; 70% des écoliers de l'État de Guerrero ingurgitent du Coca-Cola au petit-déjeuner ; avec 163 litres par personne, le pays détient le record de consommation de boissons sucrées ; la malbouffe tue chaque année 40 000 citoyens mexicains, soit deux fois plus que le commerce de stupéfiants. De part et d'autre du Rio Grande, les échanges se font dans les deux sens : transportée vers le nord, la cocaïne croise en chemin sa cousine, la *chatarra* qui se dirige vers le sud. Le trafic fait des victimes des deux côtés de la frontière, selon Alejandro :

– Au Mexique, parmi les classes populaires, boire du Coca-Cola apparaît comme un privilège, une façon de vivre le rêve américain ; les grands groupes du secteur agro-alimentaire représentent un véritable *cartel de la chatarra* - le cartel de la malbouffe.

Calvillo se considère comme un lanceur d'alerte, tout en observant non sans fierté que le monde entier a le regard rivé sur le Mexique : « l'Amérique latine, l'Inde, l'Afrique du Sud : toute la planète observe notre stratégie », confie-t-il, avant de s'excuser et de prendre congé. Il travaille en ce moment sur un autre projet, lui aussi capital : la suppression de la TVA sur les eaux minérales.

Entrée en vigueur le 1er janvier 2014, la taxe a rapporté 2 milliards de pesos (80 millions d'Euros) au cours de la première année. La consommation de sodas a diminué de 6% en 2014 et de 12%

en 2015. Les autorités fédérales envisagent ces mesures d'un œil favorable, malgré le désaccord des industriels. Les Mexicains ont toujours éprouvé passablement de rancœur vis-à-vis de la domination commerciale des États-Unis. Au Sénat, la proposition de loi fut particulièrement bien accueillie par le Parti pour la Régénération nationale : il faut dire que le leader de cette formation politique, Miguel Barboza Huerta, souffrait de diabète. Âgé de 54 ans, il se remettait tout juste de l'amputation de deux orteils.

La taxe en elle-même perturbe peu le sommeil des barons de la malbouffe. Ceux-ci ont acquis un tel contrôle du commerce global que leurs revenus ne varieront guère. Par contre, les dirigeants de ces multinationales désirent à tout prix éviter qu'on diabolise leurs produits ; ils redoutent que la méfiance à leur égard se propage au monde entier. Ils tremblent surtout à l'idée que, dans un futur proche, on considère enfin les sodas pour ce qu'ils sont : des sources de calories inutiles ; des sirops liquides trop riches en fructose ; des substances vénéneuses, addictives et néfastes, dont il convient de proscrire la vente aux mineurs. Des poisons, tout comme le tabac et l'alcool. Le cartel craint que l'exemple d'Oaxaca ne fasse tache d'huile.

Nestlé, PepsiCo et Coca-Cola figurent parmi les plus grands pollueurs de la planète en termes de déchets plastiques, selon Greenpeace. Alejandro Calvillo et ses amis accusent aussi ces sociétés de souiller les organismes et de contribuer activement à l'épidémie actuelle de diabète, d'obésité et de NASH. Bénéficiant de soutiens financiers solides (Oxfam et Michael Bloomberg pour n'en citer que deux), *El Poder Del Consumidor* a désormais le vent en poupe. Le cartel de la chatarra anticipe une baisse des ventes et multiplie les sondages afin de connaître l'état d'esprit des consommateurs. Car les dirigeants de Big Food ont conscience que leur business repose sur la confiance : si l'opinion publique venait à douter, la situation pourrait vite se dégrader. On devrait alors envisager un destin comparable à celui des fabricants de cigarettes : autant dire la Bérésina. Imaginez le cauchemar : l'insurrection d'abord, puis la révolte. La révolution qui se propage avec pour but la destruction de l'empire de la malbouffe. Et plus tard, pourquoi pas l'arrivée au pouvoir d'un Tiers État composé de végétariens affamés de vengeance, de carottes crues et de haricots cuits ?

*****

L'Europe pourrait-elle s'inspirer de l'exemple mexicain ? Qui saura convaincre les Français que : « le fructose, c'est l'alcool moins l'ivresse » ? Que la malbouffe « c'est le tabac sans la fumée » ? À tous les volontaires, on doit adresser un message d'avertissement : le lobby du sucre utilise des méthodes raffinées. Il dépensera des millions pour éviter des accords contraignants. En face de cette armée, les peuples exigeront de leurs autorités qu'elles prennent des mesures afin de protéger leur santé. On a le pressentiment qu'il y aura des espoirs déçus, des dossiers qui traînent, des expertises malhonnêtes, œuvres de fonctionnaires peu scrupuleux ou de médecins véreux. Ceux-là seront jugés par *le Pouvoir du Consommateur*, puis emmenés place de Grève pour être exécutés sous le regard froid de son implacable rédacteur en chef.

« La vie est plus un consentement qu'un choix ; on choisit si peu ! On dit oui ou non au possible qui nous est donné. La seule liberté de l'homme, c'est de laisser la voile tendue, ou de la laisser choir. Le vent, lui, ne dépend pas de nous ». Cette réflexion de l'abbé Pierre peut s'appliquer au problème du surpoids. Il faut se représenter l'être humain comme une frêle embarcation qui dépend du vent, donc de la nourriture pour avancer. Forcés de manger, nous hissons les voiles trois fois par jour sous peine de sombrer. Or, l'alimentation moderne est une tornade qui nous porte dans la mauvaise direction.

La seule décision que peut prendre le gabier, c'est de réduire la voilure ; de faire preuve de modération. Mais il faudra bien, un jour, corriger le tir et changer la nature du vent : faire de cet aquilon, si ce n'est un zéphyr, tout au moins un alizé. D'autant plus que, dans les profondeurs de l'océan, Big Food rôde, guettant sans relâche ses proies à la façon d'un terrible Léviathan, la gueule ouverte et les crocs en avant.

On l'a compris ; ni la chirurgie, ni la chimie, ni les régimes ne viendront à bout de l'obésité. Il s'agit moins d'une question de médecine que de politique. La solution sera juridique. Cela prendra du temps, mais l'Histoire est en marche ; la décision tant attendue verra bientôt le jour. En 2031, ce ne sera plus de la science-fiction.

15. LOI 2031-866

L'hommage est unanime : partout retentit la même antienne. La télévision, la presse, Instagram et Facebook déplorent la disparition du chanteur. Quant au Président de la République, il saluait hier soir sur Twitter « la mémoire d'un artiste exceptionnel, dont l'œuvre s'inscrit dans une longue tradition d'excellence française ». Prostré dans son fauteuil roulant, un vieil homme aux traits métissés regrettait que son état de santé ne lui permette pas d'assister aux obsèques, avant de conclure en larmes :
– Aujourd'hui, je pleure bien plus qu'un ami : j'ai perdu mon frère. Repose en paix, Alain.

*****

*...On nous inflige
Des désirs qui nous affligent...*

– Tu pourrais baisser un peu le son de la radio Jean-Phi, s'il te plaît ? J'essaie de me relire.
Allongée sur le grand lit, la ministre de la Santé et des Solidarités concentre son attention sur ses dossiers, tandis que son mari dépose délicatement une tasse de porcelaine sur la table de nuit :
– Excuse-moi, chéri, je suis un peu nerveuse ce matin, mais j'ai un truc important à l'Assemblée. (*Elle grimace en avalant la première gorgée : dégueulasse. Comme d'habitude. Même ça, il ne sait pas le faire correctement. J'ai épousé un nul*). Il avait quel âge ? Au cas où un journaliste me poserait la question ?
– 87 ans, à ce que dit France Inter, répond Jean-Phi soudain songeur. Incroyable, ce qu'il était maigre... Elle parle de quoi ta loi, Manon ?
Le second quinquennat d'Emmanuel Macron s'était achevé dans un chaos sans précédent : certes, la situation économique n'était pas brillante, mais comment excuser une telle violence à l'égard des symboles de la République ?

L'actuel locataire de l'Élysée n'avait pas fait mieux ; empêtré dans le scandale du *Pfizergate* et accusé de harcèlement sexuel par trois infirmières Havraises, son avenir politique s'écrirait désormais en pointillés. Il ne se représenterait pas en 2032. Soucieux de ne pas rajouter de l'huile sur le feu, le gouvernement avait différé autant que possible l'introduction de nouvelles réformes. Si bien que, depuis dix ans, rien n'avait été fait. La publication des statistiques de l'INSERM pour l'année 2030 avait eu, dans ce contexte, l'effet d'un électrochoc : l'obésité ou le surpoids touchaient désormais deux Français sur trois. Un chiffre surtout avait impressionné les observateurs : 10% des adolescents souffraient de diabète. Manon avait été convoquée en urgence à Matignon :

– Il faudrait soumettre une loi au Parlement, et en urgence. Surtout, ne te casse pas la tête ; tu n'auras qu'à t'inspirer de ce que les Mexicains ont fait en 2024. OK ?

Sur la question de l'obésité, la France avait longtemps fait figure de bon élève en comparaison du Royaume-Uni et de l'Europe de l'Est. Là-bas, la situation devenait préoccupante : l'espérance de vie dans ces pays se réduisait comme peau de chagrin. En Irlande, où 90% des gens étaient en surpoids, les associations de consommateurs avaient porté plainte contre Nestlé pour « mise en danger de l'existence d'autrui ». Le scandale des NutriLeaks en 2026 avait rendu publics des millions de courriels échangés au sein de la multinationale suisse. Ses dirigeants savaient pertinemment que leurs produits étaient toxiques ; on avait caché la vérité à la population. Pourtant, les scientifiques avaient cherché pendant des années un moyen de réduire le contenu en glucose de leurs marchandises. En vain ; même avec la meilleure volonté du monde, il leur était impossible de fabriquer des aliments sains.

La ministre de la Santé et des Solidarités a revêtu sa robe de chambre et frissonne au moment de pénétrer dans la salle de bains ; elle fronce les sourcils et plisse imperceptiblement les narines. Les paroles prémonitoires de sa mère lui reviennent en mémoire :

– Tu verras, Manon : le mariage, c'est un mélange. Pas mal de mauvaise humeur le jour et beaucoup de mauvaises odeurs la nuit.

La vieille carne n'avait pas tort : je ne supporte plus ce porc.

*****

...Le gros Bibendum que t'as dans l'cœur
Tu l'as trouvé beau dans l'temps p'tite sœur...

Jean-Phi fredonne à l'écoute de l'édition spéciale du 7/9 que la radio publique consacre à l'interprète de «*Foule sentimentale*». Comme chaque matin, il met de l'ordre dans la chambre à coucher, tapote les oreillers et secoue les coussins : le rangement est sa passion. Il rêve de pouvoir passer l'aspirateur, mais son épouse s'y oppose : question de standing, selon elle. Le mari de la ministre contemple le dossier qui repose sur le lit, avec son insigne tricolore qui étincelle sous la couverture de plastique. Sans ses lunettes, Jean-Phi distingue à peine l'intitulé, pourtant écrit en gros caractères :

LOI NO 2031-866 DU MARDI 10 JUIN 2031
VISANT A INTERDIRE LA VENTE
DE BOISSONS SUCRÉES
ET D'ALIMENTS ULTRA-TRANSFORMÉS
AUX MINEURS

«Drôle d'idée», grommelle-t-il en s'agenouillant pour ramasser les journaux de la veille qui gisent au pied du lit : «Heureusement, cela ne nous concerne pas». Il plisse les paupières pour distinguer les titres en première page du *Monde diplomatique* :

LE PROJET DE «LOI ANTI-MALBOUFFE» SUSCITE
TENSIONS ET CONTROVERSES À LA CHAMBRE BASSE
AINSI QU'AU SÉNAT.

Tout en se maquillant, Manon repense à sa première rencontre avec Malcolm, son homologue britannique, lors du dîner clôturant la dernière réunion du G7. «Bel homme, très distingué», avait-elle tout de suite pensé, émue : le coup de foudre avait été réci-

proque. Bizarrement, Malcolm ne s'inquiétait guère de la situation sanitaire. Au contraire, la montée de l'obésité semblait le réjouir :
— Pour des démocraties aussi fragiles que les nôtres, lui avait-il confié plus tard sur l'oreiller, l'embonpoint de la population représente une bénédiction : les citoyens en surpoids sont beaucoup plus dociles. Et quand par malheur ils s'agitent, ce n'est jamais pour très longtemps ; la graisse ralentit leurs mouvements. Ce qui facilite le travail des autorités et des forces de l'ordre.

Avant d'entrer en politique, Malcolm était professeur de médecine et spécialiste du diabète dans une Université du centre de l'Angleterre. Il maîtrisait donc bien le sujet :

— L'alcool est une drogue dure : cette révolution dont vous êtes si fiers, vous autres Français, n'était pas seulement due au manque de pain : 1789, c'était surtout l'excès de vin. L'alcool excite, rend violent, exaspère le tempérament. Tandis que le sucre est une drogue infiniment douce. Il cajole, il console et il endort les gens. Il fonctionne à la manière d'un émollient.

Malcolm avait sifflé son troisième gin-tonic avant de conclure en chuchotant à son oreille :

— Souvenez-vous bien de cela, *dear* Manon : du Nutella, du Coca et Koh Lanta, pour qu'une population se tienne tranquille, on ne trouve pas mieux. Il n'y a jamais eu et il n'y aura jamais de révolutionnaire obèse.

*****

…On est foutus on mange trop
Papa Mambo…

L'hommage radiophonique touche à sa fin alors que, debout devant la fenêtre du salon, Jean-Phi contemple le panorama : la capitale s'éveille, rayonnante dans l'air frais de ce matin de printemps. Le mari jubile : son épouse adorée se profile dans les sondages comme la grande favorite dans la course à la fonction suprême.

En bas de l'immeuble, les gardes du corps se sont disposés en quinconce autour de la Renault blindée : « Ma petite Manon chérie sera encore une fois en retard à l'Assemblée » fredonne gaiement Jean-Phi. Dans un an pile, si tout se passe bien, il sera le nouveau locataire de l'Élysée.

Mais comment dit-on «Première dame de France» au masculin ?

EPILOGUE

Attisée par le souffle brûlant des réseaux sociaux, la polémique avait pris une ampleur inédite. À son siège de Nyon, au bord du lac Léman, l'Union européenne de football fut obligée de diffuser un communiqué officiel : « Lors des conférences de presse, les joueurs se voient proposer du Coca-Cola classique, du Coca-Cola Zéro ou de l'eau : libre à eux de choisir leur breuvage préféré ». Au même moment, à Atlanta, le porte-parole de la Compagnie se contentait d'un « *No comment* ». Que faire, en effet, sinon se taire, quand on déplore la perte de 4 milliards de dollars en l'espace de quatre minutes ? Il avait suffi d'un geste et de trois mots pour que l'action Coca-Cola dévisse. Tant l'acte que les propos faisaient figure de symboles, car leur auteur n'était pas n'importe qui : considéré comme une idole sur son île natale de Madère et vénéré par 300 millions de fidèles sur Instagram, Cristiano Ronaldo n'était pas encore un Dieu. Pourtant, il avait depuis longtemps quitté la catégorie des êtres humains. Bref, c'était un héros.

Disputée sur un faux rythme, la partie Hongrie-Portugal du mardi 15 juin 2021 ne laissera aucun souvenir sur le plan strictement sportif. « Tout compte fait, cette phase éliminatoire du Championnat d'Europe des Nations ne présente aucun intérêt », avait déclaré Pierre Ménès : récemment licencié de Canal Plus, l'ex-consultant s'était assoupi dès la trentième minute de jeu. Pourtant, le stade Ferenc-Puskàs de Budapest fut ce jour-là le théâtre d'un évènement majeur. La déflagration ne survint pas sur la pelouse, mais 45 minutes après la fin de la rencontre, sous les yeux d'une centaine de journalistes accourus du monde entier pour participer à la traditionnelle conférence de presse d'après-match.

*****

À Puteaux, Gennaro et Kevin ont assisté ensemble à la retransmission de la rencontre. Épuisé par les exigences de sa nouvelle fiancée, Gennaro a ronflé durant la deuxième mi-temps ; Kevin, âgé maintenant de huit ans, semble inquiet. Ce matin, sa mère a été hospitalisée au CHU de Poissy : «Juste pour quelques jours, mon amour. Maman sera très vite de retour», lui a-t-elle confié en partant, la gorge serrée. Le petit garçon l'ignore, mais à cet instant précis, Josette dort : elle repose inconsciente sur une table d'opération avec dans la trachée un tube qui aide à ventiler ses poumons. Positionné entre les jambes écartées de la patiente, le Docteur Al-Khalil applique une agrafeuse sur la grande courbure de l'estomac : en principe, ceci devrait permettre à sa patiente de résister aux multiples tentations offertes par les 12,348 produits de confiseries référencés dans les épiceries modernes.

On voudrait imaginer Josette heureuse. Peut-elle envisager un avenir glorieux ? Une perte de poids spectaculaire, un amoureux ? Une relation apaisée avec son corps ? Une transformation de son anatomie, donc de son destin ? Une domestication de son intestin ? Une chose semble sûre : Josette est une femme qui a souffert et qui souffrira encore. Son principal défaut a été de trop aimer les Pépitos.

Quant à Gennaro, on note que sa physionomie a changé : les joues se sont creusées, le menton et les maxillaires paraissent plus saillants. Il a maintenant les épaules larges et la taille fine : la testostérone est une flamme qui fait bouillir le sang et brûler les graisses. Il faut dire que la fréquentation intensive de la deuxième dauphine de Miss Abidjan 2003 n'est pas de tout repos. À ceux qui s'étonnent de sa métamorphose, il rétorque :

– J'ai trouvé la solution ; je vis d'amour et d'eau fraîche.

Il semble bien en effet que Gennaro ait découvert la meilleure manière de maigrir. S'il continue comme ça, il aura bientôt les mêmes abdos que Ronaldo.

*****

À son arrivée, les flashes ont crépité ; puis, un grand silence s'est fait quand le public a réalisé que Cristiano était de mauvais poil. Il faut dire que les 35 membres de la délégation portugaise évoluaient depuis le début du mois dans une bulle sanitaire censée les protéger du virus. Depuis lors, Ronaldo traînait son spleen au long de couloirs d'hôtels anonymes ; ni ses enfants ni sa compagne, la plantureuse Georgina Rodriguez n'avaient été autorisés à lui rendre visite. Quinze jours sans rapports sexuels dignes de ce nom, c'était trop pour le buteur portugais qui ne fait aucun effort pour dissimuler sa mauvaise humeur. Pire encore, il rêve de vengeance.

Cristiano s'avance sur le podium et prend place face aux micros sans esquisser le moindre sourire à l'intention des représentants de la presse. Il est vrai que ces conférences n'apportent rien, si ce n'est de la visibilité aux principaux sponsors d'une compétition suivie par plusieurs centaines de millions de téléspectateurs. Parmi eux, il y a Kevin qui admire en ce moment le beau visage de Ronaldo flotter au-devant d'un océan de logos.

Regarde, Kevin ! Observe et apprends : ce qui va se passer est important.

*****

C'est une expérience retransmise en Mondovision dans laquelle le meilleur footballeur du monde joue le rôle de cobaye : on scrute avec bienveillance ses goûts, voire ses préférences. Tous les objectifs et les regards convergent vers celui qui remplace la petite souris blanche chère à Charles Zuker. Enfermé dans cette cage de verre et de béton, Ronaldo fait face à un dilemme universel ; sur la table trois biberons s'offrent à son regard. Deux d'entre eux paraissent identiques : coiffés de polystyrène expansé rouge, ils contiennent un liquide gazéifié marron, presque noir. C'est alors que le miracle se produit : le quintuple Ballon d'Or marque le but le plus important de sa longue carrière.

À la vue des bouteilles rouges et noires, le visage du natif de Madère exprime un mélange de dégoût et de colère ; il s'en saisit d'un geste rageur et les repousse très loin sur sa gauche, hors du champ des caméras. Dès lors, ne reste plus sur le pupitre qu'un modeste et anonyme biberon, qui renferme pourtant une solution simple au problème de l'obésité : un breuvage primaire, primitif, insipide, incolore et inodore dont personne ici n'a imaginé faire la promotion. Sauf Cristiano Ronaldo, qui s'empare du flacon de la main droite, avant de le brandir très haut à la façon d'un calice et de trinquer à la santé de l'humanité :

Por favor ! Agua !

À PROPOS DE L'AUTEUR

Chirurgien, chercheur et essayiste, le Dr. Gervaz est un spécialiste des maladies du système digestif. Auteur d'une centaine de publications scientifiques, il est Agrégé à la Faculté de Médecine de Genève, ville où il continue à vivre et enseigner, malgré tout.

www.gervaz.ch